Student Manual

to accompany

Con destino a la comunicación

Oral and Written Expression in Spanish

Paul Michael Chandler
University of Hawai'i at Manoa

Rafael Gómez
Monterey Institute of International Studies

Constance Kihyet
Saddleback College

Michael Sharron
Assumption College

Boston Burr Ridge, IL Dubuque, IA Madison, WI New York San Francisco St. Louis
Bangkok Bogotá Caracas Lisbon London Madrid
Mexico City Milan New Delhi Seoul Singapore Sydney Taipei Toronto

McGraw-Hill

A Division of The McGraw-Hill Companies

This is an EBI book.

Student Manual to accompany
Con destino a la comunicación

1 2 3 4 5 7 8 9 0 QPD/QPD 3 2 1 0 9 8

ISBN 0-07-027510-6

Grateful acknowledgement is made for the use of the following.

Realia: *Page 6* La Revista de *El Mundo/*España; *16* (text) *Muy Interesante,* (photos) *Cover,* Madrid; *26* (text)
Tiempo, (photo) EFE Agencia, Madrid; *37 Buenhogar; 50 Vanidades; 61 Buenhogar; 69, 70, 82*
© Quino/Quipos; *93 Ministerio de Educación y Cultura y Feria de Madrid; 103 Buenhogar; 113* (text)
Mecánica Popular, (photos) Intel; *126 Temas; 137 Carta Anierm; 147 Activa; 160* © Quino/Quipos.

http://www.mhhe.com

Student Manual

to accompany

Con destino
a la comunicación

Tabla de materias

To the Instructor   *vii*
To the Student   *viii*
Capítulo 1: A conocernos   1
Capítulo 2: La familia   11
Capítulo 3: Secretos   21
Capítulo 4: En contacto   31
Capítulo 5: Nuevos horizontes   43
Capítulo 6: Inolvidable   55
Capítulo 7: Consejos   65
Capítulo 8: Como pez fuera del agua   75
Capítulo 9: Decisiones   87
Capítulo 10: Papeles   97
Capítulo 11: Entre hermanos   107
Capítulo 12: Valores   119
Capítulo 13: De preocupaciones a obsesiones   131
Capítulo 14: Asuntos financieros   141
Capítulo 15: Pensando en mañana   153
Apéndice 1: Entre Ud. y yo   163
Apéndice 2: Clave de respuestas   195
Sobre los autores   208

To the Instructor

Welcome to the Student Manual to accompany *Con destino a la comunicación: Oral and Written Expression in Spanish.* As the subtitle of the textbook indicates, *Con destino a la comunicación* comprises a set of materials that serve to develop students' oral, listening, and written expression in Spanish. This Manual specifically places attention on the development of writing strategies and skills in Spanish.

Although titled "Student Manual," the authors view the Manual more like a companion piece to the textbook as opposed to a traditional workbook. In fact, we have written some of the activities such that they benefit from pair and group work. We encourage you to view the Manual in this same manner, and we suggest that you integrate some of the activities into your classroom rather than assign everything strictly as homework. Naturally, which activities you bring into the classroom will be determined in part by curricular objectives and time constraints, among other factors.

For example, you may decide to assign the **Vocabulario del tema** activities as homework since class time will already have been dedicated to the vocabulary list in the textbook. However, you may find that the realia-based **Para comentar** feature in the Manual works well as an in-class activity, promoting class discussion. Likewise, you may wish to devote class time to a discussion of the writing strategy (**Para escribir mejor**) that is presented in each chapter of the Manual.

Again, we recognize that how you integrate the Manual into your classroom will depend on various factors, though we hope that, if the development of written expression is part of your course objectives, you will bring these materials into the classroom. Writing is sometimes treated as a solitary act, though there are certain types of writing tasks that can benefit from pair and group interaction.

In recent years many instructors have begun to integrate writing journals into their classrooms. These journals, often written in "blue books," provide a forum by which students establish a dialogue with their instructors about topics that interest them. Of course, since it is a dialogue, it is expected that instructors respond to the content of the students' message. Recognizing the importance of this type of writing task, we have included a section in each chapter of the Manual (**Entre Ud. y yo**) in which such a written dialogue can be established. Students can hand in these "journal" pages and instructors can write their response and return them to the students.

We would also like to note the inclusion of a grammar review section in the Manual (**Exploremos la lengua**). Although *Con destino a la comunicación* is not intended to provide a comprehensive grammar review, the authors felt that a focused review of certain grammatical points can be useful to students at this level. Additionally, the final writing task in each chapter (**Y por fin**) requires the use of that chapter's grammar point, thus helping students better understand how grammar is at the service of communication.

We hope that you and your students will enjoy the activities and writing tasks in this Manual.

PMC
RG
CK
MS

To the Student

Welcome to the Student Manual to accompany *Con destino a la comunicación: Oral and Written Expression in Spanish.* As the subtitle of your textbook indicates, *Con destino a la comunicación* comprises a set of materials that serve to develop your oral, listening, and written expression in Spanish. It is in this Manual where specific attention will be placed on the development of your writing strategies and skills in Spanish. As you complete the activities and writing tasks in this Manual you will have many opportunities to:

- review the storyline from the *Nuevos Destinos* video that provides the foundation for this course
- further develop your listening comprehension skills in Spanish
- review and practice chapter vocabulary from the textbook
- review grammatical structures in Spanish
- develop concrete writing skills that will be of assistance to you in this course and in other courses as well
- develop your written expression in Spanish through a variety of writing tasks

Each chapter of the Manual is structured as follows:

- Chapters begin with **El vídeo,** comprised of a set of activities (both written and listening-based) that assess your comprehension of the *Nuevos Destinos* video at a deeper level.
- **Vocabulario del tema** offers additional practice of the theme vocabulary from the Textbook.
- In **Mi cuaderno** you will complete various writing assignments such as descriptive paragraphs, short biographical narratives, letters, and so on.
- The **Para comentar** section further explores the general theme of communication through authentic ads, cartoons, and so on. This realia-based section includes a brief activity.
- **Entre Ud. y yo** is a recurring free-writing feature in which you establish a written dialogue with your instructor to discuss topics that are of interest to you.
- **Exploremos la lengua** is a brief grammar review section that focuses on a single grammar point in each chapter, followed by focused practice activities. The grammar points of focus include **ser/estar,** preterite/imperfect, double object pronouns, and the subjunctive, among others.
- **Y por fin** is a theme-based final writing task. Here you will also have an opportunity to focus on a specific writing strategy, presented in the accompanying **Para escribir mejor** box. Strategies include writing an outline, identifying your audience, using a peer review process, and writing a conclusion, among others. These writing strategies also support the **Composición** section found in the main textbook.

AUDIO PROGRAM

In addition to promoting the development of speaking and writing skills, the Manual also serves to strengthen your listening comprehension skills in Spanish. Numerous activities, or parts of activities, are marked with a cassette icon, indicating a listening component. These activities include audio segments taken from the *Nuevos Destinos* video, thus allowing you to review further your comprehension of the storyline and the interaction between characters.

We hope that you enjoy the activities and writing tasks in this Manual.

PMC
RG
CK
MS

CAPÍTULO **UNO**

A CONOCERNOS

EL VÍDEO

Actividad A. Lucía y Raquel se conocen

Paso 1. En este episodio, las abogadas Raquel Rodríguez y Lucía Hinojosa se conocen por teléfono. Lee la siguiente lista de acciones y después escucha algunos fragmentos del episodio. Empareja cada fragmento que oyes con la acción más apropiada.

a. Raquel llama a Lucía.
b. Raquel recibe/abre la carta.
c. Lucía decide viajar a California.
d. Raquel lee la carta.
e. Raquel le explica la historia a Lucía.

1. _____ 2. _____ 3. _____ 4. _____ 5. _____

Paso 2. Ahora escribe las acciones en el orden en que ocurrieron en el episodio. Comprueba tus respuestas con un compañero / una compañera de clase o consulta la clave de respuestas del Apéndice 2.

1. _____
2. _____
3. _____
4. _____
5. _____

Actividad B. ¿Tienes buena memoria?

Paso 1. ¿Cómo son Raquel Rodríguez y Lucía Hinojosa? Lee las siguientes oraciones e identifica a quién se describe en cada una (Raquel o Lucía). **¡OJO!** Algunas oraciones describen a ambas mujeres.

Raquel Rodríguez

Lucía Hinojosa

1. Es abogada. _____
2. Quiere saber más de la familia Castillo. _____
3. Trabaja en México. _____
4. Vive en California. _____
5. Hace trabajo para la familia Castillo. _____
6. Sabe mucho de la historia de la familia Castillo. _____

Paso 2. En este episodio, Raquel y Lucía hablan de varias personas. ¿Las puedes identificar? Empareja cada oración con el personaje a quien se refiere.

a. Rosario del Valle   b. Pedro Castillo   c. Teresa Suárez

d. Fernando Castillo   e. Ramón Castillo

1. _____ Es posible que esta persona tenga otro hijo que nunca conoció.

2. _____ Acaba de morir en México.

3. _____ Fue la primera esposa de don Fernando.

4. _____ Le escribió una carta a Raquel.

5. _____ Es una amiga de Rosario que vive en España.

Actividad C. Raquel comienza la historia

Paso 1. Raquel le cuenta a Lucía cómo empezó su investigación para don Fernando. Escucha su explicación. Mientras escuchas, completa la transcripción que sigue. Puedes escuchar la explicación más de una vez, si quieres.

Habla Raquel:

La historia comienza durante la Guerra Civil española. Fernando Castillo y su hermano, Pedro,

como muchos españoles, _____[1] al final de la Guerra Civil.

Fernando y Pedro van a México, donde _____.[2] Fernando es un

hombre con suerte _____.[3] También es el dueño de La Gavia,

una bella hacienda colonial. Hace unos cinco años, don Fernando,

_____,[4] reúne a toda su familia para comunicarles un secreto,

una cosa que no le ha dicho nunca a nadie de su familia. _____[5]

en España, con una joven española, Rosario. Su joven esposa, Rosario, y él estuvieron en Guernica

_____[6] de esa ciudad. Fernando entonces pensó que Rosario

_____[7] y después se fue a México. Pero en 1991 Fernando

recibe una carta de una señora española, _____,[8] que le dice

que su esposa, Rosario, no ha muerto. Además, la Sra. Suárez le dice a Fernando que Rosario

_____[9] de él. Con esta información, don Fernando le pide a su

hermano Pedro _____[10] a encontrar a Rosario. Pedro, que ya no

es joven en ese momento, no desea hacer esta larga investigación y

_____.[11]

Paso 2. Comprueba tus respuestas con un compañero / una compañera o consulta la clave de respuestas del Apéndice 2.

VOCABULARIO DEL TEMA

Actividad A. Relaciones

Paso 1. Escucha las siguientes conversaciones e indica si cada una es formal o informal.

1. formal   informal
2. formal   informal
3. formal   informal

Paso 2. Vuelve a escuchar las conversaciones y trata de identificar el país de origen de cada grupo. ¿Son de la Argentina, España o México? (Piensa en los pronombres que caracterizan algunos de estos países como, por ejemplo, el **vos** de la Argentina y el **vosotros** de España.)

1. a. Argentina   b. España   c. México
2. a. Argentina   b. España   c. México
3. a. Argentina   b. España   c. México

Paso 3. ¿Qué detalles o palabras de las conversaciones establecen la formalidad o indican el país de origen de estas personas? Apunta los detalles y luego comprueba tus respuestas con un compañero / una compañera o consulta la clave de respuestas del Apéndice 2.

1. _____
2. _____
3. _____

Actividad B. Las despedidas

Paso 1. Las despedidas varían de país en país y también según el contexto social. Lee cada expresión a continuación e indica si es más apropiada para un contexto formal (F) o informal (I). **¡OJO!** Algunas despedidas se usan en ambos contextos.

F I 1. Con su permiso.

F I 2. Nos vemos.

F I 3. Adiós.

F I 4. Perdone, pero me tengo que ir.

F I 5. Hasta luego, cariño.

F I 6. Chau.

F I 7. Muy buenas noches.

F I 8. Bueno, me marcho (*I'm leaving*).

Paso 2. ¿Cuántas despedidas puedes añadir a esta lista? Después de ampliar la lista, compara tus expresiones y respuestas del Paso 1 con las de un compañero / una compañera de clase o consulta la clave de respuestas del Apéndice 2.

_____

_____

_____

MI CUADERNO

Un resumen

Paso 1. Escribe un resumen del Episodio 1 de *Nuevos Destinos*. Incluye los acontecimientos y acciones más importantes con un poco de descripción. Primero, haz una lista de los personajes principales. Después, pon las acciones de este episodio en el orden cronológico apropiado. Luego, escribe uno o dos párrafos que incluye(n) esas acciones. **¡OJO!** Recuerda que, por lo general, debes usar el pretérito para las acciones completadas y el imperfecto para las descripciones en el pasado.

Paso 2. Lee tu resumen y piensa en la descripción del episodio. ¿Has incluido lo más importante? ¿Hay suficiente descripción?

Paso 3. (Optativo) Intercambia tu resumen con el de un compañero / una compañera de clase. ¿Tiene él/ella sugerencias para mejorarlo? ¿Tienes tú alguna sugerencia para mejorar el resumen de él/ella?

PARA COMENTAR

Paso 1. En España, como en muchas partes del mundo, se usan cintas de diferentes colores en la solapa (*lapel*) de la chaqueta o en la camisa para comunicar algo. Lee rápidamente las siguientes explicaciones de los cinco colores de cinta usados en España. (El artículo apareció en 1995.)

Cintas con mensaje

Rojo, azul, verde..., pequeños trozos[a] de cinta de todos los colores han adornado durante esta década las solapas de miles de hombres y mujeres de todo el mundo. Unos muestran solidaridad, otros piden libertad, algunos lo llevan como signo de protesta, pero todos utilizan el mismo símbolo: un pedacito de tela de color prendido[b] en la ropa con un alfiler.[c] Pero... ¿por qué un lazo[d]?, ¿por qué negro, rojo o amarillo?
  ➣ **MARÍA DEL MAR PEITEADO**
  📷 **RAMÓN SAGRADO**

ROJO

El pionero. Surgió en 1991, en San Francisco (EEUU), durante el Congreso Mundial del Sida.[e] Con el tiempo, la Organización Mundial de la Salud lo ha adoptado como símbolo del Día Mundial del Sida (el 1 de diciembre). En España, el Comité Ciudadano Anti-Sida lanzó[f] por primera vez esta campaña el 28 de septiembre de 1992. Sobre el porqué del color hay varias versiones; unos dicen que se inspira en la sangre; otros, que se eligió por ser el más llamativo.

AZUL

Creado el año 1993 por la organización Gesto por la Paz con motivo del secuestro[g] de Julio Iglesias Zamora, este símbolo, en principio, no tenía vocación de permanencia;[h] sin embargo, reapareció el pasado 8 de mayo para exigir la liberación de José María Aldaya. En este caso no se trata de un lazo, sino de una cinta que representa la "A" de "askatasuna", libertad en euskera.[i] El color azul se eligió como signo de la libertad que reivindica el pueblo vasco.

AMARILLO

La idea partió de la Asociación Anabel Segura, creada a raíz de la desaparición de la joven madrileña. En su momento se rumoreó que el color de la cinta venía determinado por el cabello rubio de Anabel. La verdadera razón es otra: una empresa que colaboró con la causa propuso que fueran amarillas, ya que los norteamericanos, cuando sus familiares marchaban a la guerra, colgaban lazos de este color en las puertas hasta que regresaban con vida.

VERDE

Nace en Galicia el mes de agosto del pasado año. Lo propone el comité de personal del Hospital Militar de La Coruña para que no desaparezca el centro hospitalario, tras la decisión del Ministerio de Defensa de vender el edificio. Con este símbolo, los trabajadores pretenden que pase a formar[j] parte del Servicio Gallego de Salud, donde el personal empleado pueda seguir desempeñando su labor. El verde de las ropas de quirófano[k] colorea esta protesta.

NEGRO

Es el color de las togas, pero, también, es el color que teñía[l] el futuro de los estudiantes de Derecho de España ante la posible aprobación del sistema de pasantía.[m] Éste los obligaría, tras terminar la carrera, a realizar dos años de prácticas antes de colegiarse e iniciar su vida profesional. Visto el éxito de los lazos, los estudiantes se los prendieron e iniciaron en octubre las movilizaciones, que no cesaron hasta que el Gobierno decidió no regular, de momento, nada al respecto.

[a]*pieces* [b]*fastened* [c]*pin* [d]*bow* [e]Síndrome de inmunodeficiencia adquirida (*AIDS*) [f]*comenzó* [g]*abduction* [h]*no... was temporary* [i]*vascuence* (lengua hablada en el País Vasco, España) [j]*prentenden... are trying to make it become* [k]*ropas... surgery scrubs* [l]*darkened* [m]*sistema... assistantship program*

Paso 2. Cada cinta se asocia con una organización o grupo de personas. El uso de algunos de los colores se asocia con una ciudad o región particular; también puede asociarse con una persona. Vuelve a leer el artículo para apuntar (1) la organización, (2) la ciudad o región y/o (3) la persona con la que se asocia cada cinta. Después, escribe con tus propias palabras el mensaje que comunica cada cinta. Comprueba tus respuestas con un compañero / una compañera de clase o consulta la clave de respuestas del Apéndice 2.

1. rojo:_____

   mensaje: _____

2. azul: _____

   mensaje: _____

3. amarillo:_____

   mensaje: _____

4. verde: _____

   mensaje: _____

5. negro: _____

   mensaje: _____

✒ ENTRE UD. Y YO

En esta sección tienes la oportunidad de comunicarle a tu profesor(a) lo que piensas: tus comentarios, ideas y opiniones. En el Apéndice 1, al fin de este Manual, hay una hoja de papel que puedes usar para establecer el diálogo entre tu profesor(a) y tú.

EXPLOREMOS LA LENGUA

Ser y estar

Los usos principales de *ser*

1. **clasificación, identificación, definición:**
   Raquel **es** abogada.
   Don Fernando **fue** el dueño de La Gavia.
   La Gavia **es** una bella hacienda colonial.
2. **atributo, característica:**
   Don Fernando ya **era** viejo.
   La carta **es** interesante.
   La historia de la familia Castillo **es** complicada.
   La Gavia **es** muy grande.
3. **origen (nacionalidad), posesión, materia:**
   Don Fernando **es** español. **Es** originalmente de España.
   La Gavia **es** de Fernando.
   El anillo **es** de oro.
4. **la hora, el día, la fecha:**
   Son las 10:00 de la mañana.
   Hoy **es** lunes. La reunión **es** el sábado.
   Es el 22 de septiembre. La reunión **es** el 27 de septiembre.
5. **tener lugar, ocurrir:**
   La reunión **fue** en el comedor.
   La ceremonia **es** en México.
6. **expresiones impersonales:**
   Es mejor saber toda la historia.
   Fue difícil descubrir todos los detalles.
7. **la voz pasiva:**
   Los documentos **son** revisados por el gobierno.
   El testamento **fue** modificado después de la muerte de don Fernando.

Los usos principales de *estar*

1. **condición, cambio:**
   Raquel **está** triste después de leer la carta.
   Raquel **está** bonita hoy. (Se ve aun más bonita hoy por su ropa, el arreglo del pelo, etcétera.)
2. **localización:**
   La Gavia **está** en México.
   La carta **está** en el escritorio de Raquel.
3. **resultado de un proceso:**
   El vuelo de Lucía a Los Ángeles **está** reservado.
4. **los tiempos progresivos:**
   Raquel **estaba** leyendo la carta.
   Raquel y Lucía **están** hablando por teléfono.

Actividad A. Los usos de *ser* y *estar*

Paso 1. Lee las siguientes oraciones e identifica el uso de **ser** o **estar** en cada ejemplo.

MODELO: Lucía está lista para el viaje a Los Ángeles. → condición

1. _____ La maleta está hecha.

2. _____ La conferencia entre Lucía y Raquel va a ser en la oficina de ésta.

3. _____ El testamento de don Fernando fue preparado por Pedro.

4. _____ Lucía está preparando preguntas sobre la historia de don Fernando.

5. _____ ¡Qué asco! (*Yuck!*) ¡El café está frío!

6. _____ Lucía no puede encontrar su boleto. ¿Dónde estará?

7. _____ El vuelo de Lucía es a las 2:00.

8. _____ Lucía lleva una blusa muy bonita. Es de seda.

9. _____ Mañana es martes, ¿no?

10. _____ Lucía está un poco preocupada.

Paso 2. Ahora escucha los siguientes fragmentos del Episodio 1. ¿Se usa **ser** o **estar** en cada uno de ellos? Marca el verbo que oyes en cada fragmento y después identifica el uso. Puedes escuchar los fragmentos más de una vez, si quieres.

1. ser   estar _____   5. ser   estar _____

2. ser   estar _____   6. ser   estar _____

3. ser   estar _____   7. ser   estar _____

4. ser   estar _____   8. ser   estar _____

Paso 3. Comprueba tus respuestas para el Paso 1 y el Paso 2 con un compañero / una compañera de clase o consulta la clave de respuestas del Apéndice 2.

Actividad B. ¿Cómo soy o cómo estoy?

Paso 1. Inventa ocho oraciones originales (cuatro con **ser** y cuatro con **estar**) para ejemplificar ocho usos diferentes de estos verbos. Puedes describir aspectos de tu propia vida o los personajes y las situaciones del Episodio 1 de *Nuevos Destinos*.

SER

1. _____

2. _____

3. _____

4. _____

ESTAR

1. _____

2. _____

3. _____

4. _____

Paso 2. Compara tus oraciones con las de un compañero / una compañera de clase. Si es necesario, consulta de nuevo los ejemplos de los usos de **ser** y **estar** para identificar cualquier cambio que necesites hacer en tus oraciones.

PARA ESCRIBIR MEJOR

Escoger un tema e idear información

Para escribir una composición, primero debes escoger el tema, un tema interesante y práctico a la vez. Si el tema te interesa y ya sabes algo sobre ello, la composición te saldrá mejor.

La segunda fase es idear toda la información que se pueda incluir en la composición. Se refiere a este proceso como una «lluvia de ideas» (*"brainstorming"*). Puedes hacerlo individualmente o en grupos. También puedes escoger varias formas como, por ejemplo, crear una lista de ideas u organizar un mapa semántico. Este esquema visual ayuda a construir las asociaciones mentales necesarias para establecer una base sólida de información antes de empezar a escribir. En la próxima página hay un ejemplo de un mapa semántico.

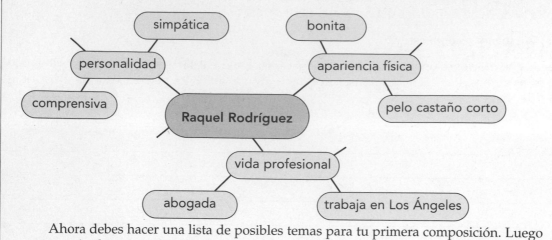

Ahora debes hacer una lista de posibles temas para tu primera composición. Luego empezarás el proceso de idear información relacionada con cada tema. ¿Trabajarás con tus compañeros/as de clase? ¿Prepararás un mapa semántico?

✐ Y POR FIN

¿A quién quieres conocer? ¿Por qué?

Paso 1. ¿Hay alguien a quien te gustaría conocer mejor o por primera vez? ¿Quieres conocer a una persona de la clase de español? ¿A una persona famosa? En una hoja de papel aparte, haz una lista de cinco personas que quieres conocer. Incluye una breve oración que explica por qué te interesa conocer a cada una.

Paso 2. En esta composición vas a escribir sobre una de las personas de tu lista. Lee tu lista y las oraciones que escribiste y escoge una de las personas que incluiste. Para prepararte, escribe lo que ya sabes de esa persona. ¿De dónde es? ¿Cómo es físicamente? ¿Qué tipo de persona es? ¿Trabaja? ¿Es estudiante? Puedes hacer una lista de esta información u organizarla en forma de un mapa semántico.

Paso 3. Ahora haz una lista de ideas o un mapa semántico para descubrir por qué te interesa conocer a esta persona. Es posible que algunas de las ideas que incluyas sean semejantes o iguales a las que escribiste para el Paso 2.

Paso 4. Usando tu lista o mapa como guía, organiza tu composición. ¿Cuál será el enfoque de tu composición? ¿Qué detalles van a ser los más importantes? Luego, escribe tu composición. No te olvides de los usos apropiados de **ser** y **estar.**

Paso 5. Intercambia tu composición con la de un compañero / una compañera de clase. Mientras lees su composición, busca y subraya los errores que encuentres, especialmente con respecto a los usos de **ser** y **estar.**

Paso 6. Colaborando con tu compañero/a, intenten eliminar los errores con **ser** y **estar** que se señalaron en el Paso 5. ¿Pueden Uds. explicar el uso de **ser** o **estar** en cada caso?

Paso 7. Vuelve a escribir tu composición, incorporando los cambios discutidos anteriormente. Luego, entrégale la composición a tu profesor(a).

CAPÍTULO **dos**
LA FAMILIA

EL VÍDEO

Actividad A. Raquel y Lucía

En el Episodio 2, Raquel y Lucía se conocen en persona. ¿Qué información obtiene cada una de la otra? Lee las siguientes oraciones e indica a quién se describe en cada una. **¡OJO!** Algunas oraciones describen a ambas. Después, comprueba tus respuestas con un compañero / una compañera o consulta la clave de respuestas del Apéndice 2.

1. _____ Tiene familia en Los Ángeles.
2. _____ Nació en Los Ángeles.
3. _____ Nació en México.
4. _____ Sus padres son mexicanos.
5. _____ No conoce a toda la familia Castillo.

Raquel Rodríguez y Lucía Hinojosa

Actividad B. La familia Castillo

Paso 1. En este episodio, Raquel le explica a Lucía las relaciones familiares de los Castillo. ¿Cuánto recuerdas de esa familia? Escribe las relaciones que cada uno de los siguientes personajes tiene con don Fernando.

1. Carlos es su _____.
2. Maricarmen es su _____.

3. Mercedes es su _____.

4. Consuelo es su _____.

5. Pedro es su _____.

6. Carlitos es su _____.

7. Carmen fue su _____.

Paso 2. Escucha mientras Raquel y Lucía hablan de la familia Castillo. Comprueba tus respuestas del Paso 1, corrigiendo las respuestas incorrectas.

Paso 3. Ahora contesta las siguientes preguntas. Vuelve a escuchar la conversación para contestarlas, si es necesario.

1. ¿Cuántos hijos tiene don Fernando? _____

2. ¿Cómo se llaman los hijos de don Fernando? _____

3. ¿Dónde viven los hijos de don Fernando? _____

4. ¿Cuántos nietos tiene don Fernando? _____

5. ¿Cómo se llaman los nietos? _____

Paso 4. Comprueba tus respuestas de los Pasos 1 y 3 con un compañero / una compañera de clase o consulta la clave de respuestas del Apéndice 2.

Actividad C. La tragedia de don Fernando

Paso 1. ¿Cómo ocurrió la tragedia secreta de don Fernando? Lee las siguientes oraciones y después escucha la descripción de Raquel para ponerlas en el orden cronológico apropiado.

_____ Una amiga de Rosario le escribió una carta a don Fernando.

_____ Don Fernando les explicó a sus hijos que era posible que tuvieran otro hermano.

_____ Hubo un bombardeo en el pueblo español donde vivía don Fernando.

_____ Don Fernando se casó con la joven Rosario.

_____ Al final de la Guerra Civil española, don Fernando se fue a vivir a México.

_____ Según la carta de Teresa Suárez, Rosario no murió en la guerra.

Paso 2. Vuelve a escuchar la descripción de Raquel para confirmar tus respuestas o consulta la clave de respuestas del Apéndice 2.

VOCABULARIO DEL TEMA

Actividad A. Mi familia

Paso 1. Lee las siguientes oraciones y escucha las descripciones de algunas familias. Empareja cada descripción que oyes con la oración más apropiada. Puedes escuchar las narraciones más de una vez, si quieres.

a. Mi familia incluye una nuera y tres nietos. No tengo hija.

b. Nunca conocí a mis abuelos pero tengo muchos tíos y primos.

c. A mi esposa y a mí nos gustaría mudarnos. Todos mis cuñados viven aquí y siempre interfieren en nuestra vida.

d. Vivo con mi padre y madrastra. Me llevo bien con ella y me encanta mi media hermana.

e. Hace cinco años que soy viuda. Aun hoy lloro cuando pienso en mi esposo. Mis hijos, que apenas lo conocían, tienen como figura masculina en su vida su bisabuelo, que vive con nosotros.

1. _____   2. _____   3. _____   4. _____   5. _____

Paso 2. Comprueba tus respuestas con un compañero / una compañera de clase o consulta la clave de respuestas del Apéndice 2.

Actividad B. ¿Quiénes son?

Paso 1. Define las siguientes palabras del Vocabulario del tema. Luego, escribe una oración que relaciona cada término con tu vida o experiencia personal.

MODELO: la cuñada → La cuñada es la esposa del hermano o la hermana del esposo / de la esposa. No tengo hermano ni esposo, pero si me caso, es posible que mi esposo tenga una hermana.

1. primos _____

_____

2. bisnieto_____

_____

3. soltero_____

_____

4. suegros_____

_____

5. hermanastra _____

6. huérfano _____

_____

7. casarse _____

_____

8. gemelos _____

_____

Paso 2. (Optativo) Intercambia tus definiciones y oraciones con las de un compañero / una compañera de clase. ¿Son diferentes? ¿En qué son semejantes? ¿Qué experiencias o aspectos familiares tienen Uds. en común?

Actividad C. Crucigrama

Lee las siguientes definiciones para completar el crucigrama con palabras del Vocabulario del tema del libro de texto.

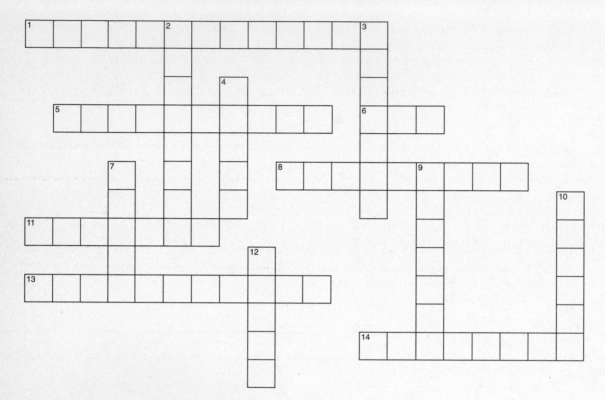

HORIZONTALES

1. dos chicos que comparten sólo uno de los padres biológicos
5. el estado civil de un hombre que está permanente y legalmente separado de su esposa
6. el hermano del padre
8. el hombre que adopta al hijo de su esposa
11. son hermanos que nacieron el mismo día
13. el abuelo del abuelo
14. la hija del nieto

VERTICALES

2. un chico cuyos dos padres ya murieron
3. una mujer que nunca se casó
4. la esposa cuyo marido ya murió
7. la esposa del hijo
9. los padres del esposo / de la esposa
10. la mujer que se casa con alguien
12. el esposo de la hija

🎧 Actividad D. Relaciones

Paso 1. Escucha las siguientes conversaciones y determina el parentesco más probable entre las personas que hablan.

1. a. una abuela y su nieta   b. dos hermanas   c. una sobrina y su tía
2. a. dos hermanos   b. un abuelo y su nieto   c. dos primos

Paso 2. Vuelve a escuchar las conversaciones para confirmar tus respuestas. ¿En qué las basas? Apunta la información que apoya tus respuestas.

1. _____

2. _____

Paso 3. Comprueba tus respuestas con un compañero / una compañera de clase o consulta la clave de respuestas del Apéndice 2.

✒ MI CUADERNO

¡Poeta eres tú!

Paso 1. Lee los siguientes poemas. ¿Entiendes la estructura de ellos? Estúdialos y después apunta información sobre dos miembros de tu familia. ¿Cómo son? ¿Qué hacen con frecuencia?

Mi abuelo	**Mi abuelo**
Abuelito	Abuelo
Se ríe mucho	Come con gusto
Hablando, cantando, chismeando	Desayunando, comiendo, cenando
Siempre lo pasa bien	Se lo come todo
Payaso[a]	Comilón[a]
[a]Clown	[a]Glutton

_____

_____

_____

_____

Paso 2. Basándote en la estructura de los poemas del Paso 1 y la información que preparaste, escribe un poema sobre cada uno de los dos miembros de tu familia que escogiste. Después, intercambia tus poemas con los de un compañero / una compañera de clase. A continuación hay un modelo de la estructura que debes seguir en tus poemas.

ESTRUCTURA

[título]
[persona / nombre]
[una acción]
[tres verbos en el progresivo]
[un resumen o una reacción]
[un sustantivo]

_____

_____

_____

_____

_____

_____

_____

_____

_____

_____

_____

PARA COMENTAR

Paso 1. Los siguientes recortes son de una revista española y contienen citas de personas famosas. Lee los títulos de cada parte del recorte. ¿Qué significan estas expresiones? ¿Qué tipo de citas esperas encontrar en el recorte?

¡Qué bueno es hablar!

Los pensamientos son como tapices plegados[a] o enrollados. La conversación los despliega[b] y los pone a la luz del día.

Temístocles (525-460 a. de C.), político griego.

A quienes callan les falta casi siempre finura y gentileza de corazón.

Friedrich Nietzsche (1844-1900), filósofo alemán.

Si sólo hablásemos cuando tenemos algo que decir, el uso del lenguaje desaparecería en dos generaciones.

Noel Clarasó (1899-1985), escritor español.

Sombra y noche es el silencio; día de luz, la palabra.

Constantino Kavafis (1863-1933), poeta griego.

El silencio es el ingenio[c] de los necios.[d]

Jean de la Bruyère (1645-1696), escritor francés.

Mejor es callar

No existe nada más inteligente que la conversación de dos amantes que permanecen callados.

Achille Tournier (1847-1906), historiador y escritor francés.

Yo me he arrepentido muchas veces de haber hablado, pero jamás de haber callado.

Jenócrates (400-314 a. de C.), filósofo griego.

Frecuentemente logramos que se nos comprenda mejor hablando menos.

Madame G. de Knorr (1827-1908), escritora austriaca.

Comprendí el silencio de los cielos; las palabras humanas jamás las entendí.

Friedrich Hölderlin (1770-1843), poeta alemán.

Bienaventurados los que[e] no hablan, porque ellos se entienden.

Mariano José de Larra (1809-1837), escritor y periodista español.

[a]tapices... *folded tapestries*   [b]*unfolds*   [c]*talent*   [d]*fools*   [e]Bienaventurados... *Blessed are they that*

_____

_____

_____

Paso 2. Lee las citas de los recortes e indica con cuáles estás de acuerdo. ¿Reconoces los nombres de algunas de las personas citadas? ¿Qué cita te gusta más? ¿Hay una que no te gusta nada? ¿Por qué?

Paso 3. Vuelve a leer los títulos y añade una expresión de tu invención para cada uno.

«¡Qué bueno es hablar!»

_____

«Mejor es callar.»

_____

ENTRE UD. Y YO

En esta sección tienes la oportunidad de comunicarle a tu profesor(a) lo que piensas: tus comentarios, ideas y opiniones. En el Apéndice 1, al fin de este Manual, hay una hoja de papel que puedes usar para establecer el diálogo entre tu profesor(a) y tú.

EXPLOREMOS LA LENGUA

Por y para

Las preposiciones **por** y **para** no tienen traducciones fijas en inglés; varían según el uso. Además, en muchos casos, otra palabra en español puede sustituir a estas preposiciones. Las siguientes categorías pueden ayudarte a contrastar y diferenciar los usos de **por** y **para**. Se incluyen en algunos ejemplos preposiciones alternativas y el sentido que tiene la preposición.

ACCIÓN, DEFINICIÓN

por: causa, razón, motivo, objeto de un recado (*errand*), agente, beneficiario

Pedro no quiso hacer la investigación **por** ser (porque era) viejo.

Su vuelo llegó tarde **por** (a causa de) la tormenta.

Fue a la biblioteca **por** el libro.

Pedro llamó a Raquel **por** el hermano de él.

El testamento fue preparado **por** Pedro.

para: propósito, meta, uso

Raquel fue a México **para** (con el propósito de) hablar con Pedro.

Es un cuaderno **para** fotos.

Fue a la biblioteca **para** (a) encontrar el libro.

Hablemos **para** conocernos mejor.

MOVIMIENTO

por: a través de, en

Les gustaba caminar juntos **por** (a través de) el parque.

Raquel corrió **por** la calle estrecha.

para: destinación

Raquel viajó **para** (a) México el siguiente día.

Los niños caminaron **para** (a) la escuela.

TIEMPO

por: duración, cantidad

Me gusta descansar un poco **por** (durante) la tarde.

¡Podría quedarme en esta librería **por** horas!

para: límite

Debe estar en Sevilla **para** el lunes.

Estará con su familia **para** la Navidad.

Llámame **para** (a) las 2:00.

COMPARACIÓN

por: intercambio, sustitución, tasa (*rate*)

No pagó mucho dinero **por** la fruta.

Quiere cambiar su asiento de pasillo **por** uno de ventanilla.

Este avión vuela a 250 millas **por** hora.

para: contraste, opinión, juicio

Hace mucho calor **para** este mes.

Para (ser) norteamericana, habla español muy bien.

Para Fernando, la investigación es muy importante.

CON TRABAJAR

por: sustitución

Cuando está enferma, otra abogada trabaja **por** ella.

para: empleado

Trabaja **para** una firma en Los Ángeles.

CON ESTAR

por: a favor de

Estamos **por** (a favor de) seguir con la investigación.

para: a punto de, listo/a

Raquel está **para** (a punto de) iniciar la investigación.

Otros usos de **por** incluyen los medios de transporte y de comunicación como, por ejemplo: «Hizo muchos viajes **por** (en) tren», «Prefiero escuchar las noticias **por** la radio» y «La carta llegó **por** correo». También se usa **por** en varias expresiones fijas. Algunas de ellas son: **por ahora, por ejemplo, por eso, por favor, por fin, por lo menos, por lo tanto, por otra parte, por supuesto** y **por último.**

Actividad A. ¿Para mí? ¿Por qué?

Paso 1. Lee las siguientes oraciones e identifica el uso de **por** o **para** en cada una.

    MODELO: Ana terminó para las 3:30. → tiempo: límite

1. _____ Juanito tiene la cara muy quemada por el sol.

2. _____ Aquí normalmente deja de llover para junio.

3. _____ Luisa colgó (*hung up*) el teléfono por estar enojada.

4. _____ Los ciclistas se fueron por esa calle.

5. _____ Siempre grita para defender sus opiniones.

6. _____ El delincuente fue entregado (*turned in*) por su propia madre.

7. _____ Anabel no puede subir la escalera (*stairs*) por su edad.

8. _____ Después de la boda los novios salen para Honolulú.

9. _____ Me vendieron el coche por 2 millones de pesetas.

10. _____ Sí, un descafeinado. No puedo tomar café por la tarde.

11. _____ Me avisó del divorcio por telegrama.

12. _____ Para mí, estos documentos son muy complicados.

13. _____ Preguntaron por su madre. Estaban muy preocupados.

14. _____ ¡Qué pareja! Para recién casados (*newlyweds*) pelean mucho.

15. _____ Ud. tiene que tomar tres pastillas por día, una con cada comida.

Paso 2. Comprueba tus respuestas con un compañero / una compañera de clase o consulta la clave de respuestas del Apéndice 2.

Actividad B. *¿Por* o *para*?

Paso 1. Las siguientes frases son fragmentos del Episodio 2. Complétalas con **por** o **para**. Puedes consultar los usos de **por** y **para** si quieres.

1. Carta _____ el licenciado Raúl López Reverte, en la oficina de Guadalajara. Estimado colega: Le agradezco mucho la información...

2. —Muy bien. ¿Qué tal el viaje? ¿Cuándo llegó? —Llegué ayer _____ la tarde.

3. Pon los cafés en la mesita, _____ favor. Gracias.

4. Pero La Gavia es también un lugar muy especial _____ toda la familia Castillo.

5. La Gavia es también un orfanato _____ niños que no tienen padres y niños inválidos.

6. Todo mi viaje y mis aventuras _____ España, Argentina, Puerto Rico y México se deben a la escrupulosa conciencia de don Fernando.

7. Don Fernando necesita hablar con sus hijos _____ contarles que es posible que ellos tengan otro hermano.

8. Gracias, Raquel. Esto es muy importante _____ mí.

Paso 2. Ahora escucha los fragmentos para comprobar y corregir tus respuestas. Puedes escuchar más de una vez, si quieres.

PARA ESCRIBIR MEJOR

El bosquejo

En el Capítulo 1, aprendiste métodos para escoger un tema e idear información sobre ese tema. Pero antes de escribir tu composición, ensayo o poema, debes organizar tus ideas y la información que quieres incluir. Para lograr una organización clara y útil, puedes crear un bosquejo. Para empezar, haz una lista de las ideas principales que deseas desarrollar. Elimina ideas que no son las más principales o que no pertenecen al tema. ¿Hay otras ideas que debes incluir? Debes revisar tu lista para poner las ideas en un orden lógico y natural. Estas ideas principales van a formar el primer nivel de tu bosquejo. Bajo cada nivel principal, apuntarás ideas secundarias, terciarias, etcétera, para formar los niveles correspondientes.

Los niveles de un bosquejo tradicional presentan una combinación de números romanos, letras y números arábigos:

I. La familia Castillo: Introducción
II. don Fernando
    A. hijos
        1. Ramón
        2. Mercedes
        3. etcétera
    B. nietos
        1. Juanita y Carlitos
        2. Maricarmen
III. Profesiones y oficios
    A. don Fernando
        1. industrial de acero
        2. etcétera

Puedes adoptar cualquier sistema siempre que demuestre la jerarquía de tus ideas. La información que incluyes en tu bosquejo puede ser abreviada (una lista de sustantivos e infinitivos) o puedes usar oraciones completas para expresar tus ideas.

Cuando empiezas a escribir, debes usar el bosquejo como guía, consultándolo a cada paso para no desviarte (*deviate*) del tema. A veces, descubrirás que te has desviado un poco del tema en lo que escribes; otras veces encontrarás errores en tu bosquejo —información que se te olvidó o que debes eliminar, o una secuencia que no fluye (*flows*) bien. Pero con un bosquejo, siempre estarás más pendiente de la organización y de la fluidez de lo que escribes.

Y POR FIN

La herencia como parte de la historia familiar

Paso 1. En el Capítulo 2 del libro de texto, leíste «Balada de los dos abuelos», por Nicolás Guillén, un poema que explora cómo dos abuelos influyeron en el narrador. Piensa en dos parientes tuyos que te han influido mucho. Trata de escoger a dos personas cuya influencia se contrasta de alguna manera.

Paso 2. Haz una lista de información o un mapa semántico para cada uno.

Paso 3. Escoge la información más importante e interesante de tu lista o mapa y organiza las ideas en un bosquejo. Empieza con las ideas principales, y luego añade las ideas secundarias, terciarias, etcétera.

Paso 4. Estudia el bosquejo y escoge las partes de él que puedes usar en un poema que compara y contrasta a los dos parientes. Puedes consultar el poema de Nicolás Guillén en el Capítulo 2 del libro de texto. Ahora escribe tu poema.

Paso 5. Intercambia tu poema con el de un compañero / una compañera de clase. Mientras lees su poema, busca y subraya las preposiciones **por** y **para,** si es que las incluyó. ¿Las usó bien?

Paso 6. Colaborando con tu compañero/a, corrijan los errores que descubrieron en el Paso 5.

Paso 7. Vuelve a escribir tu poema, incorporando los cambios discutidos anteriormente. Luego, entrégale el poema a tu profesor(a).

CAPÍTULO **tres**
SECRETOS

EL VÍDEO

Actividad A. ¿Quiénes son?

Paso 1. Empareja cada personaje del Episodio 3 con la información que lo/la describe. **¡OJO!** A veces hay más de una descripción de algunos de los personajes.

1. _____ Elena Ramírez   2. _____ Teresa Suárez   3. _____ Jaime Ruiz

4. _____ Federico Ruiz   5. _____ Alfredo Sánchez

a. Puede llevar a Raquel a la casa de Teresa Suárez.
b. Espera a Raquel en su casa.
c. Ayuda a Raquel a encontrar a Elena.
d. Hace las compras y habla con una amiga en el mercado.
e. Cree que Raquel ha ganado la lotería.
f. Visitó a un hijo en Barcelona.
g. Busca a Raquel en su hotel de Madrid.

Paso 2. Comprueba tus respuestas con un compañero / una compañera de clase o consulta la clave de respuestas del Apéndice 2.

Actividad B. En Sevilla

Paso 1. Escucha los siguientes fragmentos de *Nuevos Destinos*. ¿En qué orden ocurrieron? Toma apuntes mientras escuchas y luego indica el orden cronológico apropiado.

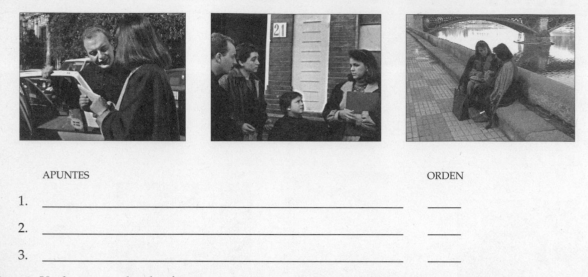

APUNTES   ORDEN

1. _____   _____

2. _____   _____

3. _____   _____

Paso 2. Vuelve a escuchar los fragmentos y repasa tus apuntes. En una breve oración, haz un resumen del contexto de cada fragmento. Usa las siguientes preguntas como guía: ¿Dónde está Raquel? ¿Con quién habla? ¿Por qué? Puedes escuchar los fragmentos más de una vez, si quieres.

1. _____

2. _____

3. _____

Paso 3. ¿Quieres añadir más detalles a tus oraciones? Después de revisar tus oraciones, compáralas con las de un compañero / una compañera de clase o consulta la clave de respuestas del Apéndice 2.

Actividad C. Otro encuentro

Paso 1. En este episodio, Raquel describe varios encuentros que tuvo en España. Ya escuchaste la siguiente conversación que acompaña una actividad en el libro de texto. Vuelve a escucharla y contesta con oraciones completas las preguntas a continuación.

1. ¿Con quién habla Raquel? _____

2. ¿Cuál es la profesión de esta persona? _____

3. ¿Adónde y cómo viajan? (No se menciona esta información en el fragmento, pero ya debes saberla.) _____

4. ¿De qué hablan? _____

Paso 2. Ahora, ¿puedes describir al hombre con quien habla Raquel? ¿Cómo es? ¿Podrías confiar en él? ¿Cómo trata a otras personas? Escribe tres o cuatro oraciones que describen a esta persona. Puedes volver a escuchar la conversación para sacar más ideas, si quieres.

_____

_____

_____

_____

Paso 3. Compara tus respuestas y tu descripción con las de un compañero / una compañera de clase o consulta la clave de respuestas del Apéndice 2.

VOCABULARIO DEL TEMA

Actividad A. ¿Sabías que... ?

Paso 1. Escucha las siguientes conversaciones y empareja cada una con la palabra o frase más apropiada de la lista.

guardar un secreto, mentir, perdonar

1. _____

2. _____

3. _____

Paso 2. Ahora, vuelve a escuchar las conversaciones. En una breve oración, haz un resumen de cada una, usando la palabra correspondiente de la lista del Paso 1. Puedes usar otras palabras del Vocabulario del tema del Capítulo 3 del libro de texto, si quieres.

1. _____

2. _____

3. _____

Paso 3. Comprueba tus respuestas y compara tus oraciones con las de un compañero / una compañera de clase o consulta la clave de respuestas del Apéndice 2.

Actividad B. La vida privada hecha pública

Paso 1. La prensa moderna parece obsesionada con las noticias sensacionalistas, ¿no? Se revelan cada vez más detalles de la vida de la gente famosa. Piensa en tres personas famosas cuyas vidas privadas han suscitado (*provoked*) comentarios y artículos en la prensa. Escribe el nombre y un aspecto de la vida o acciones de cada una.

1. _____
   _____
2. _____
   _____
3. _____
   _____

Paso 2. La prensa engancha (*hooks*) a su público con un título y una línea preliminar que despiertan interés. Haz el papel de periodista y escribe el título y la primera línea para un artículo sobre cada una de las personas de tu lista del Paso 1. Trata de usar palabras del Vocabulario del tema del Capítulo 3 del libro de texto.

1. título: _____

   introducción: _____

2. título: _____

   introducción: _____

3. título: _____

   introducción: _____

Paso 3. (Optativo) Compara las personas, los títulos y las introducciones que escogiste con los de un compañero / una compañera de clase. ¿Escogieron las mismas personas? ¿Qué tipo de personas escogieron? ¿actores? ¿políticos? ¿atletas? ¿músicos? ¿En qué se parecen o se diferencian los escándalos o acciones que usaron en los títulos? ¿Son escándalos de dinero? ¿tragedias personales? ¿engaños políticos? ¿ ?

Actividad C. La confidencialidad del cliente

Paso 1. En este episodio de *Nuevos Destinos* Raquel no quiso explicarle a Alfredo Sánchez quién era su cliente y el secreto que tenía. Su oficio le obliga a respetar la confidencialidad de su cliente. Escribe el nombre de cuatro profesiones en las que hay una obligación de confidencialidad con el/la cliente.

1. _____
2. _____
3. _____
4. _____

Paso 2. ¿Bajo qué circunstancias, en tu opinión, tienen estos profesionales el derecho de traicionar el secreto de un(a) cliente? Contesta esta pregunta para cada profesión de tu lista del Paso 1. Si tu respuesta es «Nunca», explica por qué. Usa palabras del Vocabulario del tema del Capítulo 3 del libro de texto.

1. _____
2. _____
3. _____
4. _____

Paso 3. (Optativo) Compara tus respuestas con las de un compañero / una compañera de clase. ¿Están Uds. de acuerdo? Si no están de acuerdo, traten de justificar sus respuestas.

✎ MI CUADERNO

Una hoja de reacción

Paso 1. Los secretos de familiares y de amistades hacen interesante, pero a veces difícil, la vida. Piensa en los tipos de secretos que suelen guardarse en familias y entre amigos como, por ejemplo, un engaño, una falta (*mistake*), un crimen, un amante. ¿Cómo reaccionarías ante cada uno? ¿Cuáles serían para ti interesantes? ¿Cuáles serían difíciles de guardar?

Paso 2. Escribe dos párrafos sobre tus reacciones ante los secretos de familia y entre amigos. Incluye si puedes una experiencia personal. En el primer párrafo, explica el tipo de secreto que tu familia o amigos podrían tener o que han tenido. En el segundo párrafo, explica cómo reaccionarías/reaccionaste al descubrir cada secreto.

_____

_____

_____

_____

_____

_____

_____

_____

_____

Paso 3. (Optativo) ¿Tienes tú también algún secreto? ¿Qué tipo de secreto es? ¿Quién lo sabe? ¿Crees que hablarás libremente de tu secreto algún día? ¿Por qué sí o no? Descríbelo brevemente.

_____

_____

_____

_____

PARA COMENTAR

Paso 1. Don Fernando guardó un secreto de su familia por muchos años, y sólo lo reveló después de recibir la carta de Teresa Suárez. A menudo, los periodistas y escritores revelan secretos de personas o familias famosas. Este artículo de una revista española revela un secreto de la familia real española. Lee la introducción (los dos primeros párrafos) del artículo a continuación.

Un libro de Jesús Palacios descubre en los archivos del dictador documentos que prueban las dificultades que rodearon la boda de Don Juan Carlos y Doña Sofía.

F. P. S.

Los papeles secretos de Franco, un libro de Jesús Palacios que publica Temas de Hoy, desvela[a] algunos capítulos inéditos de la historia española. Uno de los más llamativos es la polémica[b] surgida[c] por la boda entre el católico Juan Carlos de Borbón y la ortodoxa Sofía de Grecia. La conversión de la princesa al catolicismo y la cuestión de la doble ceremonia religiosa abrieron al régimen de Franco un triple frente –con El Vaticano, con la Casa Real y con el gobierno griego– que a punto estuvo de acabar en la declaración de nulidad del matrimonio.

«Juan XXIII –se afirma en el libro– concedió las dispensas para poder celebrar válidamente el matrimonio con la condición de que la ceremonia católica fuera la única. El Vaticano llegó a transigir[d] con una ceremonia ortodoxa de bendición, pero nunca con un doble rito de unión. Y lo cierto fue que no se respetó lo pactado. Grecia impuso su criterio y hubo dos sacramentos: el católico y el ortodoxo.

[a]*unravels* [b]problema [c]*brought forth* [d]llegó... *gave in*

Paso 2. ¿Entendiste el secreto? Lee las siguientes oraciones e indica las que tienen que ver con la información del artículo.

1._____ El Rey Juan Carlos no estaba enamorado de la princesa Sofía.

2._____ Juan Carlos y Sofía eran de diferentes denominaciones religiosas.

3._____ Sofía conoció a Juan Carlos en el Vaticano.

4._____ La boda casi ocasionó una guerra entre España y Grecia.

5._____ Juan Carlos y Sofía celebraron dos ceremonias de boda.

Paso 3. Vuelve a leer el fragmento del artículo para comprobar tus respuestas. Después, indica cuál de los siguientes títulos se puede haber usado para el artículo.

1. Una ceremonia secreta en Roma que viola un pacto entre Juan Carlos y Sofía
2. Papeles secretos de Franco revelan que Roma pudo anular la boda del Rey
3. La princesa Sofía pone condiciones a su conversión antes de casarse con el Rey

Paso 4. Comprueba tus respuestas del Paso 2 y del Paso 3 con un compañero / una compañera de clase o consulta la clave de respuestas del Apéndice 2.

✎ ENTRE UD. Y YO

En esta sección tienes la oportunidad de comunicarle a tu profesor(a) lo que piensas: tus comentarios, ideas y opiniones. En el Apéndice 1, al fin de este Manual, hay una hoja de papel que puedes usar para establecer el diálogo entre tu profesor(a) y tú.

EXPLOREMOS LA LENGUA

Los verbos como **gustar**

¿Recuerdas la construcción con **gustar**? Estudia el siguiente ejemplo y compara las dos construcciones, la del español y la del inglés.

INGLÉS   ESPAÑOL

sujeto + verbo + complemento directo → complemento indirecto + verbo + sujeto

I like Spanish tortillas. → Me gustan las tortillas españolas.

Con **gustar,** debes usar el complemento indirecto. Por razones de énfasis o clarificación, puedes incluir una frase preposicional.

>**A Pedro** ya no **le** gustan los viajes largos.
>**A Raquel le** va a gustar Madrid.

Por lo general, el sujeto de **gustar** y de otros verbos como **gustar** sigue al verbo. Pero no es incorrecto invertir el orden.

>Nos gustan **las tapas** de esta bodega. / **Las tapas** de esta bodega nos gustan.

Si el sujeto de **gustar** es una acción o una lista de acciones, lo expresas con el infinitivo y usas la forma singular de **gustar.**

>Me **gustar viajar** en tren.
>A Alfredo y a Raquel les **gusta hacer** preguntas.

Los siguientes verbos tienen una construcción semejante a la de **gustar.** ¿Recuerdas qué significa cada uno de ellos? Estudia los ejemplos.

agradar	encantar	fastidiar	molestar
caerle (*irreg.*) bien/mal	enojar	hacer (*irreg.*) falta	ofender
disgustar	faltar	importar	quedar
doler (ue)	fascinar	impresionar	sorprender

>Al taxista **le cae bien** Raquel.
>A Elena **le** va a **sorprender** encontrar a sus hijos en el mercado.
>A nosotros **nos agradó** conocer a Raquel.

Algunos de estos verbos tienen una construcción semejante en inglés.

>*It bothers me to wait outside.* → Me molesta esperar afuera.
>*This secret fascinates us.* → Nos fascina este secreto.
>*That surprises me.* → Eso me sorprende.

¡OJO! En español no se traduce el sujeto *it*; se entiende por la construcción verbal.

> *This story is fascinating. It interests Elena.* → Esta historia es fascinante. A Elena le interesa.

Actividad A. Descripciones

Paso 1. Lee las siguientes descripciones y luego escribe una breve resumen de cada una. Usa **gustar** o uno de los verbos como **gustar**. No repitas los verbos.

> MODELO: Carolina encontró unos cigarrillos en la mesa de noche y se puso furiosa con su esposo. → A Carolina le ofenden los cigarrillos.

1. Cuando Emilia ve a José, ella intenta caminar en otra dirección. Prefiere no hablar con él.

   _____

2. Cuando cenamos en ese restaurante, Julio siempre pide tres platos de paella. ¡Y se los come todo!

   _____

3. Benito está escribiendo un editorial para el periódico porque se siente furioso por la contaminación que la nueva fábrica vierte al (*dumps into the*) río.

   _____

4. El bebé siempre se niega a (*refuses to*) comer las zanahorias que le preparamos.

   _____

5. Los profesores todavía no pueden dar exámenes porque después de casi un mes la librería no ha conseguido los libros de texto para los estudiantes.

   _____

Paso 2. Compara tus oraciones con las de un compañero / una compañera de clase. ¿Usaron bien los verbos? ¿Incluyeron el pronombre de complemento indirecto? ¿Necesitan incluir una frase preposicional?

Actividad B. De Sevilla a Madrid

Paso 1. Escucha los siguientes fragmentos del Episodio 3 de *Nuevos Destinos*. Toma apuntes para recordar quién habla y qué hacen.

1. _____

2. _____

3. _____

4. _____

5. _____

Paso 2. Vuelve a escuchar los fragmentos y luego escribe una oración sobre cada uno, usando los verbos indicados a continuación.

1. fascinar _____

2. importar _____

3. molestar _____

4. encantar _____

5. fastidiar _____

Paso 3. Compara tus oraciones con las de un compañero / una compañera o consulta las explicaciones sobre los verbos como **gustar** para comprobar el uso correcto de los verbos y pronombres.

PARA ESCRIBIR MEJOR

La introducción

Al escribir una composición (o artículo o ensayo), la introducción es de suma importancia. Como un buen título, la introducción debe captar el interés del lector / de le lectora. Una buena introducción presenta el tema y da una breve orientación sobre el contenido del texto. Con frecuencia, la introducción es de un solo párrafo —el primero, por lo general.

El bosquejo que aprendiste a crear en el Capítulo 2 te puede ayudar a entender cómo orientar e interesar al lector / a la lectora en el primer párrafo. En principio, la introducción es un pequeño resumen de tu composición. No da detalles, pero sí proporciona (*it gives*) información clave que puede servir como orientación a la composición. Para elaborar el párrafo preliminar, apunta tu tema principal. ¿Cómo lo vas a presentar? ¿Cuál será el enfoque de la composición? Estudia tu bosquejo e intenta resumir en un párrafo el contenido que quieres cubrir. Y esté seguro/a de que la introducción sea interesante para el lector / la lectora.

 Y POR FIN

Una propuesta

Paso 1. A menudo, un(a) periodista o escritor(a) propone el tema de un artículo que quiere escribir entregándole al editor el título y un párrafo preliminar. Para esta composición, vas a escribir tres párrafos preliminares que son propuestas para tres artículos distintos. Vas a entregar las propuestas a tres revistas diferentes —la primera, una revista culinaria, la segunda, una revista de artículos sensacionalistas y la tercera, una revista cultural. Vas a escribir sobre los gustos y las obsesiones de un grupo de gente. Puedes escribir sobre las personas de un país, una cultura, una generación, un grupo étnico u otro grupo imaginario. Crea una lista de ideas o un mapa semántico dirigido a cada revista.

Paso 2. Piensa en los enfoques de las revistas (1. comida, 2. sensacionalismo, 3. cultura) y organiza tus ideas en un bosquejo para cada una. Decide cuál será el enfoque de cada artículo propuesto. No te olvides de ponerle un título interesante y llamativo.

Paso 3. Escribe las tres propuestas. Trata de variar el uso de **gustar** con verbos parecidos, como **encantar** o **fascinar.**

Paso 4. Repasa las propuestas que escribiste. ¿Sirven bien como orientación al contenido del texto propuesto? ¿Incluyen información y un estilo interesantes? ¿Concuerda cada una con el enfoque de la revista a la que se dirige?

Paso 5. Intercambia tus propuestas con las de un compañero / una compañera de clase. Mientras lees sus propuestas, busca y subraya errores en el uso de **gustar** y verbos parecidos. Además, trata de leer cada propuesta como el redactor / la redactora (*editor*) de la revista. ¿Podría interesarles a los lectores de tu revista este artículo? ¿Captó tu interés el escritor / la escritora? ¿Expuso bien el tema y contenido del artículo propuesto?

Paso 6. Colaborando con tu compañero/a de clase, intenten corregir los errores que se señalaron mutuamente en el Paso 5. ¿Pueden Uds. hacer que las propuestas sean más precisas, más interesantes o más informativas?

Paso 7. Vuelve a escribir tus propuestas, incorporando los cambios discutidos anteriormente. Luego, entrégale las propuestas a tu profesor(a).

CAPÍTULO **cuatro**
EN CONTACTO

EL VÍDEO

Actividad A. ¿Raquel o Lucía?

Paso 1. En este episodio, el primer encuentro entre Raquel y Lucía termina inesperadamente. ¿Recuerdas cómo fue la reunión y cómo terminó? Escucha los siguientes fragmentos del Episodio 4 e identifica quién habla y qué pasa en cada uno. Toma apuntes mientras escuchas. Puedes escuchar más de una vez, si quieres.

¿RAQUEL O LUCÍA?   APUNTES

1. _____ _____
2. _____ _____
3. _____ _____
4. _____ _____
5. _____ _____

Paso 2. Repasa tus apuntes y vuelve a escuchar los fragmentos. Luego escribe una oración que describe lo que pasa en cada fragmento. Después, indica el orden cronológico apropiado en que ocurrió cada acción.

¿QUÉ PASÓ?   ORDEN

1. _____ ____
2. _____ ____
3. _____ ____
4. _____ ____
5. _____ ____

Paso 3. Comprueba tus respuestas con un compañero / una compañera de clase o consulta la clave de respuestas del Apéndice 2.

Actividad B. Teresa Suárez

Paso 1. En este episodio, Raquel le cuenta a Lucía cómo por fin pudo hablar con Teresa Suárez. ¿Recuerdas cuáles fueron los datos que Teresa le dio a Raquel? Lee las siguientes frases e indica si Teresa Suárez le dio a Raquel esa información o no.

Sí   No   1. el nombre que Rosario le puso a su hijo

Sí   No   2. el hospital donde Rosario estuvo internada después del bombardeo

Sí   No   3. la ciudad donde Rosario y Teresa se conocieron

Sí   No   4. una descripción de Rosario en su juventud

Sí   No   5. la dirección del hijo de Rosario

Sí   No   6. el país donde Rosario y su segundo esposo se conocieron

Sí   No   7. el nombre y la dirección del segundo esposo de Rosario

Sí   No   8. la fecha en la que Rosario salió de España

Sí   No   9. el lugar donde Rosario vive ahora, probablemente

Paso 2. Repasa tus respuestas y luego escucha el siguiente fragmento del Episodio 4 para comprobarlas y corregirlas. Puedes escuchar más de una vez, si quieres.

Paso 3. Hay cinco respuestas correctas en el Paso 1. ¿Puedes indicar la información correcta de cada una? Escribe el número de cada frase correcta y la información que Raquel averiguó. La primera respuesta correcta ya está hecha como modelo.

MODELO: 1 → el nombre que Rosario le puso a su hijo: Ángel (Castillo)

NÚMERO   INFORMACIÓN

_____   _____

_____   _____

_____   _____

_____   _____

Paso 4. Comprueba tus respuestas del Paso 1 y del Paso 3 con un compañero / una compañera de clase o consulta la clave de respuestas del Apéndice 2.

Actividad C. Motivos

Paso 1. Los personajes de *Nuevos Destinos* hacen o han hecho cosas a veces inesperadas. ¿Por qué las hicieron? Empareja cada una de las siguientes acciones con el personaje que la hizo. Algunas de las acciones son de los primeros episodios. **¡OJO!** Un personaje hizo dos de las acciones a continuación.

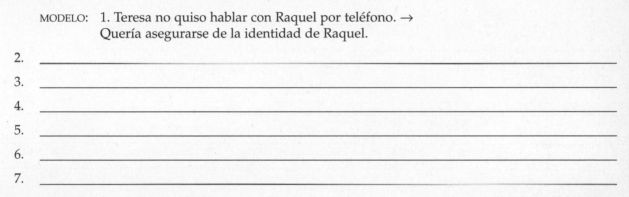

don Fernando   don Pedro   Rosario
Lucía   Raquel   Teresa

1. _____ No quiso hablar con Raquel por teléfono.

2. _____ Contrató a Raquel para hacer los viajes y la investigación necesarios para encontrar a Rosario.

3. _____ Se casó con otro hombre después de salir de España.

4. _____ Nunca le contó a nadie que estuvo casado en España.

5. _____ Le escribió una carta a don Fernando.

6. _____ Desea volver a la oficina de México lo más pronto posible.

7. _____ Graba en una cinta la historia de la familia Castillo.

Paso 2. Comprueba tus respuestas en la clave de respuestas del Apéndice 2 y luego trata de explicar el porqué de las acciones, inventando un motivo posible para cada una. El primero ya se ha hecho como modelo.

MODELO: 1. Teresa no quiso hablar con Raquel por teléfono. →
            Quería asegurarse de la identidad de Raquel.

2. _____

3. _____

4. _____

5. _____

6. _____

7. _____

Paso 3. (Optativo) Compara los motivos que inventaste con los de un compañero / una compañera de clase. ¿Están de acuerdo? ¿En qué difieren? ¿Pueden explicar las diferencias entre los motivos posibles que Uds. apuntaron?

VOCABULARIO DEL TEMA

Actividad A. En contacto

¿Cuáles son algunos modos de mantener o reestablecer el contacto con parientes o amigos que no viven cerca de ti? ¿Cómo mantienes el contacto con tu familia y amigos? ¿Prefieres usar el teléfono? ¿el correo electrónico? ¿O eres más tradicional y escribes cartas?

Paso 1. Rosa y Susana, dos hermanas, perdieron contacto con un miembro de su familia. Escucha su conversación para saber quién es y cómo van a comunicarse con esa persona.

Paso 2. Vuelve a escuchar la conversación para completar el siguiente resumen de ella. **¡OJO!** Para algunas respuestas necesitas escribir más de una palabra. Puedes escuchar la conversación más de una vez, si quieres.

Rosa acaba de recibir una _____[1] de Alejandra. Alejandra dice

que encontró la _____[2] del _____[3]

Enrique. Alejandra no sabe dónde vive Enrique; sólo tiene su _____[4]

y su _____[5] Rosa no quiere _____[6]

a Enrique por _____[7] Prefiere escribirle y mandarle el mensaje

por _____[8]

Paso 3. Compara tus respuestas del Paso 2 con las de un compañero / una compañera de clase o consulta la clave de respuestas del Apéndice 2.

Paso 4. (Optativo) Vuelve a leer las preguntas de la introducción a esta actividad. Piensa en una persona con quien te gusta, o te gustaría, mantenerte en contacto. Escribe tres o cuatro oraciones para explicar cómo se comunican o comunicarían, en qué ocasiones, con qué frecuencia, etcétera. ¿Son Uds. modernos o más tradicionales en cuanto a la manera en que se comunican?

_____

_____

_____

_____

_____

Actividad B. Crucigrama

Paso 1. Repasa el Vocabulario del tema del Capítulo 4 en el libro de texto. Luego, lee las siguientes indicaciones que corresponden al crucigrama. Llena el crucigrama con las palabras más apropiadas para las indicaciones. Tendrás que conjugar algunos verbos y determinar el género y número de los sustantivos. Usa la siguiente lista como guía.

colgar, destinatario, enterarse, enviar, franquear, marcar, navegar la red, prensa, pronóstico, redactar, remitente, tiras cómicas, titular

HORIZONTALES

5. un sinónimo de mandar
7. la persona que escribe y manda un mensaje o carta
9. lo que una persona hace después de hablar y despedirse por teléfono
10. lo que se consulta para saber qué va a pasar en el futuro, especialmente para saber el tiempo
12. lo que hay que hacer con el número para hacer una llamada telefónica
13. lo que hay que hacer para mandar una carta por correo

VERTICALES

1. visitar diferentes páginas y direcciones en la red electrónica mundial de información
2. una sección del periódico dedicada a dibujos de escenas humorísticas y de chistes
3. una mujer que recibe una carta o mensaje
4. periódicos y revistas componen esta categoría general
6. escribir un artículo o carta
8. encontrar o descubrir información
11. la línea preliminar usada para enganchar al lector / a la lectora de un periódico

Paso 2. Comprueba tus respuestas con un compañero / una compañera de clase o consulta la clave de respuestas del Apéndice 2.

Actividad C. ¿Qué hacemos?

Paso 1. Si quieres saber el pronóstico del tiempo, ¿qué haces? ¿Lo escuchas en la radio, lo ves en la televisión o lo lees en el periódico? Quizás no tienes televisión y no recibes el periódico. Tendrás que usar la radio, ¿no? Escucha las siguientes situaciones y piensa en las opciones que tiene cada persona. Puedes tomar apuntes para luego consultarlos.

APUNTES

1. Habla Daniela: _____

2. Habla Lucila: _____

3. Habla Esteban: _____

4. Habla Felipe: _____

5. Habla Estela: _____

Paso 2. Ahora, repasa tus apuntes y vuelve a escuchar las situaciones. Luego, escribe una recomendación para cada una.

MODELO: Habla Tomás: Estoy muy ocupado y no puedo salir del trabajo a tiempo. Voy a llegar tarde a la escuela para recoger a mi hijo. Necesito comunicarme con la escuela inmediatamente. ¿Qué debo hacer? → Tomás debe llamar a la escuela por teléfono.

1. _____

2. _____

3. _____

4. _____

5. _____

Paso 3. (Optativo) Repasa tus respuestas y compáralas con las de un compañero / una compañera de clase. ¿Hicieron las mismas recomendaciones? ¿Hay otras opciones? ¿Cuáles son?

MI CUADERNO

Un mensaje electrónico

Paso 1. La etiqueta y las normas del uso del correo electrónico son muy distintas a las del uso del correo tradicional. El correo electrónico, por lo general, va más al grano (*to the point*), y es más breve y más espontaneo. Apenas se preocupa por el saludo y la despedida y, como es tan fácil y rápido, hay una tendencia a incluir sólo información y preguntas muy específicas y limitadas. ¿Cuál de los dos métodos prefieres? ¿Usas los dos tipos de correo o sólo usas uno? Piensa en cómo sueles mantenerte en contacto con los demás y las ventajas y desventajas de los dos métodos de comunicación.

Paso 2. ¿Necesitas comunicarle algo a un miembro de tu familia? Escribe una carta tradicional para comunicárselo (puedes inventar algo, si quieres). Recuerda emplear un saludo y una despedida apropiados.

_____

_____

_____

_____

_____

_____

_____

_____

_____

Paso 3. Ahora, repasa la carta y señala la información esencial. Imagínate que ese pariente, como tú, tiene computadora y dirección electrónica. Redacta la información que necesitas comunicarle en un mensaje destinado al correo electrónico. Recuerda que a lo mejor Uds. se comunican regularmente por correo electrónico y no hace falta toda la información que incluiste en la primera carta.

_____

_____

_____

_____

_____

Nombre_____ Fecha _____ Clase_____

PARA COMENTAR

Paso 1. El siguiente artículo de la edición española de una revista norteamericana describe las ventajas de escribir un diario y ofrece algunas sugerencias para hacerlo. ¿Escribes o escribías un diario? ¿Por qué sí o no? Si mantienes o has mantenido un diario, piensa en cómo te hace o te hacía sentir. Después, lee el artículo para ver si encuentras aspectos de tu propia experiencia o opinión.

Y qué tal si te animas a escribir un diario...

Tal vez te parezca absurdo, pero un diario puede revelarnos pensamientos e ideas que no reconocíamos en nosotras mismas. ¿Por qué no hacerlo? Hasta Mafalda llevaba un diario. De hecho, algunas investigaciones han mostrado que existen beneficios de salud al escribir un diario. Llevar un recuento de tu vida puede elevar la producción de algunas células del sistema inmunológico, tiene un efecto favorable en la presión sanguínea,[a] en el ritmo cardíaco[b] y para algunas personas es una herramienta[c] eficaz contra el dolor. La decisión de comenzar a escribir un diario es totalmente personal y podrás adquirir un estilo propio. Probablemente, tu diario sea espontáneo, al capturar cada momento tal y como ocurrió, o bien te resulte más fácil tomarte un tiempo para sentarte y reflexionar. Si nunca has escrito un diario, no sería mala idea que, para comenzar, dedicaras a la escritura 20 minutos durante tres o cuatro días consecutivos.

Date un momento para ti misma. Escoge un sitio donde nadie te interrumpa y escribe tus vivencias[d] sin preocuparte por la gramática, la ortografía o la redacción.[e]

Hay diversas maneras de abordar[f] tus experiencias, pero lo más importante es que además de contar un hecho concreto, expreses en tu diario los sentimientos que tuviste.

Permite que tu diario tome un giro,[g] como si fuera el relato de una historia. Al cabo de algunas semanas, tus experiencias personales pueden convertirse en un relato. Pero no intentes que eso suceda desde el principio, no fuerces tu diario porque desistirás muy pronto.

Formúlate a ti misma preguntas y respuestas. Cada vez que escribas, deja que tu mente fluya y trata de abarcar diversos aspectos. ¿*Qué fue lo que pasó?* ¿*Qué* tan importante es ese hecho para mí? ¿*Cómo me siento?* Si te decides y tomas en cuenta algunas de nuestras sugerencias, verás que escribir un diario personal se convertirá en un hábito interesante y divertido, ya que la posibilidad de explorar nuestros más profundos pensamientos es la mejor manera de conocernos a nosotras mismas y entender nuestras relaciones interpersonales.

[a]presión... *blood pressure* [b]ritmo... *heart rate* [c]*tool* [d]experiencias [e]*editing* [f]*approaching* [g]tome... *take a turn*

Paso 2. En el artículo se mencionan cuatro ventajas de la escritura personal relacionadas con la salud. Vuelve a leer el artículo y apunta esas ventajas.

1. _____
2. _____
3. _____
4. _____

Paso 3. El artículo también ofrece cuatro sugerencias generales para escribir un diario. Repasa estas sugerencias y luego exprésalas con tus propias palabras.

1. _____
2. _____

3. _____

4. _____

Paso 4. Compara tus respuestas con las de un compañero / una compañera de clase o consulta la clave de respuestas del Apéndice 2. ¿Desean Uds. escribir o continuar escribiendo un diario?

ENTRE UD. Y YO

En esta sección tienes la oportunidad de comunicarle a tu profesor(a) lo que piensas: tus comentarios, ideas y opiniones. En el Apéndice 1, al fin de este Manual, hay una hoja de papel que puedes usar para establecer el diálogo entre tu profesor(a) y tú.

EXPLOREMOS LA LENGUA

El pretérito y el imperfecto

Como ya sabes, el pretérito y el imperfecto son dos tiempos verbales distintos que se usan para hablar del pasado. El enfoque del pretérito y del imperfecto también es distinto.

- En general, el *pretérito* se usa para expresar una acción cumplida en el pasado. Puede referirse al inicio o a la terminación de una acción. Descripciones de cosas y personas en el pretérito implican el cambio del estado de ánimo o la terminación de una acción.

    Federico **vio** a Raquel en la recepción. (inicio de verla)
    El bombardeo **fue** una tragedia. (descripción que coloca el suceso en el pasado y enfatiza la terminación)
    Raquel y Federico **llegaron** a la casa de Teresa. (acción completada)
    Raquel **se enojó** cuando **perdió** la cartera. (inicio de la emoción; acción completada)

- El *imperfecto,* por otro lado, expresa emociones, estados anímicos y descripciones en el pasado. Si empleas el imperfecto para referirte a una acción en el pasado, expresas o implicas la repetición, una acción habitual o la progresión o duración de una acción. En estos casos el enfoque no es el inicio ni la terminación de la acción.

    Federico **buscaba** a Raquel en el hotel. (el enfoque no es ni el inicio ni la terminación de la acción; es la progresión o la duración)
    Cuando **era** joven, Raquel **vivía** en Guadalajara todos los veranos. (descripción; repetición o costumbre)
    Raquel **estaba** enojada cuando no **encontraba** su cartera. (emoción sin referencia al inicio ni a la terminación; duración de la acción)

- A menudo los adverbios pueden indicar si se necesita usar el pretérito o el imperfecto. Compara los siguientes adverbios y ejemplos.

    Teresa **siempre caminaba** con Rosario por la tarde. (repetición)
    Anoche, Raquel **caminó** por las calles de Madrid. (acción completada en un momento determinado)

    Raquel **usaba** su computadora **frecuentemente.** (acción habitual)
    Raquel **usó** su computadora **ayer.** (acción completada en un momento determinado)

- Se expresa una serie de acciones cumplidas con el pretérito, pero una serie de acciones habituales se expresa con el imperfecto.

> Raquel **habló** con Pedro, **estudió** la situación, **aceptó** la oferta y **se preparó** para el viaje. Todas las mañanas **se levantaba** a las 6:00, **hacía** un poco de ejercicio, **se duchaba**, **se vestía** y **salía** para el trabajo.

- Cuando una acción interrumpe otra en el proceso de cumplirse, la acción que interrumpe se expresa con el pretérito, mientras que la acción en progreso se expresa con el imperfecto.

> Raquel **hablaba** con Lucía cuando la asistente **llegó** con el paquete urgente.
> Raquel **estaba saliendo** del elevador cuando Federico **se acercó** a ella.

Actividad A. ¿Qué pasó?

Paso 1. Lee la siguiente narración sobre el Episodio 1 de *Nuevos Destinos* y subraya (*underline*) todos los verbos conjugados que ves.

Cuando don Pedro muere en México, Lucía lo sustituye para llevar los asuntos del testamento de don Fernando, y los de don Pedro también. Ramón le escribe una carta a Raquel para informarle de la muerte de su tío. Raquel está en su oficina cuando la recibe. Mientras lee la carta, recuerda a la familia Castillo. Sabe que la familia está triste. Ramón le dice en la carta que Lucía quiere saber la historia de la familia Castillo; por eso Raquel llama a Lucía a México. Las dos mujeres se presentan por teléfono. Raquel empieza a contarle a Lucía la historia, pero después de poco, Lucía se da cuenta de que necesita viajar a Los Ángeles para hablar con Raquel.

Paso 2. Ahora vuelve a escribir la narración en el pasado. Fíjate en los usos del pretérito y del imperfecto y cuándo se debe emplear cada uno.

_____

_____

_____

_____

_____

_____

_____

_____

_____

_____

_____

_____

Paso 3. Ahora lee tu narración. ¿Incluiste todos los verbos de la narración original? Revisa las formas verbales y pregúntate por qué usaste el pretérito o el imperfecto en cada caso.

Paso 4. Comprueba tu narración con un compañero / una compañera de clase o consulta la clave de respuestas del Apéndice 2.

Actividad B. Los personajes

Paso 1. Piensa en los siguientes personajes de _Nuevos Destinos._ Toma apuntes sobre cómo era y qué hacía cada uno de ellos durante o antes de la investigación de Raquel.

MODELO: Raquel: pelo largo, trabajadora, paciente, Los Ángeles, Madrid, tomar apuntes

1. don Fernando: _____

   _____

2.

3.

4.

2.   Rosario: _____

3.   Teresa Suárez: _____

4.   don Pedro: _____

Paso 2. Repasa tus apuntes del Paso 1 y luego escribe dos o tres oraciones que describen a cada personaje. Trata de incluir una acción habitual para cada uno de ellos. Usa el imperfecto.

MODELO: Raquel tenía el pelo largo, era trabajadora y paciente. Vivía en Los Ángeles antes de empezar la investigación. Siempre tomaba apuntes para recordar bien los detalles del caso.

1.   _____

_____

_____

2.   _____

_____

_____

3.   _____

_____

_____

4.   _____

_____

_____

Paso 3. Para cada personaje, escribe una o dos oraciones sobre acciones cumplidas.

MODELO: Raquel viajó en tren a Madrid. Allí conoció a varias personas importantes.

1.   _____

_____

2. _____

_____

3. _____

_____

4. _____

_____

Paso 4. (Optativo) Compara tus oraciones del Paso 2 y del Paso 3 con las de un compañero / una compañera de clase. ¿En qué se diferencian sus descripciones? ¿Recordaron Uds. las mismas acciones?

PARA ESCRIBIR MEJOR

El borrador

Después de completar los preparativos ya mencionados en los últimos tres capítulos, debes escribir el borrador. Muchos escritores de artículos y de ficción escriben el borrador sin pausa y sin corregirse para que las ideas fluyan más fácilmente. Después de completar un borrador, debes volver a leerlo para comprobar si concuerda con tu bosquejo. También debes corregir errores gramaticales. Y a veces descubrirás que necesitas cambiar el orden de información y eliminar o añadir oraciones o párrafos. A muchos escritores les beneficia separarse de un borrador por unos días antes de corregirlo y volver a escribirlo.

 **Y POR FIN**

Paso 1. ¿Mantienes un diario? Si escribes un diario, busca en él un relato interesante de tu pasado. Puede ser un relato reciente o un relato de hace años. Si no mantienes un diario, piensa en un suceso o experiencia que te interesa explorar en forma de ensayo. ¿Cuál será el tema o enfoque de tu relato? ¿Qué ideas debes incluir? Haz una lista de ideas o un mapa semántico y prepara el bosquejo para tu relato.

Paso 2. Estudia tus apuntes y tu bosquejo. ¿Recordaste todo lo necesario? Ahora, escribe tu borrador sin detenerte ni preocuparte por hacer correcciones o cambios. Escribe hasta llegar al final de tu bosquejo. Claro, como escribes sobre un episodio de tu pasado, vas a usar mucho el pretérito y el imperfecto.

Paso 3. Deja de lado el borrador por una hora o más. Si hay tiempo, déjalo por uno o dos días.

Paso 4. Vuelve a leer tu borrador y compáralo con el bosquejo. Marca las correcciones que necesitas hacer. Léelo una vez más sin pausas para ver si fluye bien. ¿Está bien organizado?

Paso 5. Intercambia tu borrador con el de un compañero / una compañera de clase. Mientras lees el borrador de él/ella, usa tinta (*ink*) o lápiz de otro color para marcar errores adicionales, especialmente con respecto al uso del imperfecto y del pretérito.

Paso 6. Colaborando con tu compañero/a, intenten eliminar los errores y problemas que señalaron en el Paso 5. ¿Pueden Uds. mejorar la fluidez de la presentación?

Paso 7. Vuelve a escribir tu composición, incorporando los cambios discutidos anteriormente. Guarda también el borrador y entrégale el borrador y la composición a tu profesor(a).

CAPÍTULO **cinco**

Nuevos horizontes

EL VÍDEO

Actividad A. ¿Qué pasó?

Paso 1. Todas las siguientes oraciones sobre el Episodio 5 son falsas. Léelas y subraya la información incorrecta según el episodio.

1. Raquel vuelve a su oficina para trabajar.
2. Raquel recibe una carta de su madre.
3. Raquel y Lucía hablan más de la historia de la familia Castillo.
4. Raquel cuenta lo que le pasó en Madrid.
5. Raquel habló con un empleado del hotel para saber dónde encontrar a Rosario.
6. Arturo llama a Raquel para invitarla a cenar.
7. Arturo le explicó a Raquel dónde estaban Rosario y Ángel.
8. Lucía le manda a Raquel un fax con algunas páginas del testamento de don Pedro.

Paso 2. Ahora repasa las oraciones y vuelve a escribirlas con la información correcta.

1. _____
2. _____
3. _____
4. _____
5. _____
6. _____

7. _____

8. _____

Paso 3. Comprueba tus respuestas con un compañero / una compañera de clase o consulta la clave de respuestas del Apéndice 2.

Actividad B. ¿A quién se refiere?

Paso 1. En este episodio, se te presentan a varios personajes nuevos. También averiguas más sobre otros personajes ya presentados. Empareja cada uno de los siguientes personajes con la información que le corresponde.

Ángel Castillo

Arturo Iglesias

Cirilo

Martín Iglesias

Rosario

1. _____ Piensa que Raquel es una paciente que llega a su consultorio médico para verlo.

2. _____ Abandonó sus estudios y, después de una pelea, se fue del país también.

3. _____ Sufrió un infarto (ataque el corazón) después de enojarse con su hijo.

4. _____ Vivía con su hijo en una casa blanca de la capital.

5. _____ Es un empleado de la estancia; recuerda a Rosario y sabe su dirección en Buenos Aires.

Paso 2. Comprueba tus respuestas con un compañero / una compañera de clase o consulta la clave de respuestas del Apéndice 2.

Actividad C. Los personajes secundarios

Paso 1. En este episodio aparecen varios personajes secundarios. ¿Los recuerdas? Escucha los siguientes fragmentos del Episodio 5 e identifica al personaje que habla con Raquel en cada uno. Toma apuntes mientras escuchas para luego ayudarte a identificar la escena.

el ama de casa, el chofer, Cirilo, el recepcionista

PERSONAJE   APUNTES

1. _____   _____

2. _____   _____

3. _____   _____

4. _____   _____

Paso 2. Ahora repasa tus apuntes y vuelve a escuchar los fragmentos. ¿Qué hacía Raquel en cada uno? Escribe una oración que explica dónde estaba y/o qué hacía Raquel. Luego, indica el orden cronológico apropiado de las escenas.

¿DÓNDE ESTABA Y QUÉ HACÍA RAQUEL?   ORDEN

1. _____   _____

2. _____   _____

3. _____   _____

4. _____   _____

Paso 3. Compara tus oraciones y respuestas con las de un compañero / una compañera de clase o consulta la clave de respuestas del Apéndice 2.

Actividad D. ¡Ay, mamá!

Paso 1. En este episodio, Raquel recibe un mensaje telefónico y una llamada de su madre. ¿Cómo son las relaciones entre madre e hija? Escucha el mensaje telefónico y completa la transcripción con la información que falta. Puedes escuchar más de una vez, si quieres. Luego, comprueba tus respuestas del Paso 1 en la clave de respuestas del Apéndice 2.

«Raquel, soy tu mamá. Como estás _____[1] esta semana, ¿por qué no vienes a

_____[2] a casa _____[3]? Estoy haciendo tus _____[4]

favoritos. Llámame cuando _____[5]».

Paso 2. Ahora escucha el siguiente fragmento en el que Raquel habla con su madre por teléfono. Su madre menciona a dos hombres distintos. Mientras escuchas, apunta sus nombres y un poco de información sobre cada uno.

_____

_____

_____

_____

Paso 3. Repasa tus apuntes y vuelve a escuchar la conversación para escribir toda la información que sabes sobre ellos. ¿Qué tipo de relaciones crees que Raquel tiene con cada uno de ellos? ¿Qué crees que piensa de estos hombres su madre? Explica qué ideas te sugiere esta conversación y por qué.

1. _____

_____

_____

2. _____

_____

_____

Paso 4. (Optativo) Compara tus respuestas con las de un compañero / una compañera de clase. ¿Se les ocurrieron más o menos las mismas ideas o tienen ideas muy diferentes? ¿Cuáles son las más verosímiles?

VOCABULARIO DEL TEMA

Actividad A. Definiciones

Paso 1. Escucha las definiciones en la cinta y escribe la palabra o frase que se define.

apoyar, darse cuenta, enfrentarse, evitar, fracasar, lamentar, rechazar, tener éxito

1. _____
2. _____
3. _____
4. _____
5. _____
6. _____

Paso 2. Comprueba tus respuestas en la clave de respuestas del Apéndice 2. Luego, escribe cuatro oraciones usando por lo menos cuatro de las palabras definidas. Puedes escribir sobre *Nuevos Destinos* o sobre tu propia experiencia.

1. _____
2. _____
3. _____
4. _____

Actividad B. La investigación continúa

Paso 1. Completa la siguiente narración sobre *Nuevos Destinos* con palabras de la lista a continuación. No debes cambiar la forma de las palabras de la lista ni repetirlas.

aclara, apoyar, contar con, desafío, lamenta, realizar, rencor, se da cuenta, sobrevivió, superar

En el Episodio 5, Raquel descubre que encontrar a Rosario y su familia es un

_____[1] bastante difícil. A menudo, Raquel tiene que

_____[2] personas que conocían a Rosario hace muchos años para seguir

adelante con su investigación. Arturo y Raquel se conocen por primera vez en este episodio. Al

principio, Arturo no _____[3] de que Raquel no es su paciente. Arturo le

_____[4] muchos detalles a Raquel, pero aún hay información que no le

puede dar. Arturo le cuenta a Raquel que sus padres murieron hace años. Raquel

_____[5] que Rosario nunca supiera que Fernando también

_____[6] el bombardeo de Guernica. Además, Raquel sabe que Fernando no

va a _____[7] lo que quería—una reunión con Rosario. Arturo explica

también que hace años que no ve a Ángel Castillo, su medio hermano, y que durante mucho tiempo

sintió _____[8] hacia él por la pelea que provocó el ataque cardíaco de su

padre. Parece que desea _____9 el enojo y hacer las paces con su hermano.
Por eso, decide _____10 a Raquel y ayudarla en su investigación para
encontrar a Ángel.

Paso 2. Comprueba tus respuestas con un compañero / una compañera de clase o consulta la clave de respuestas del Apéndice 2.

Actividad C. Asociaciones

Paso 1. Lee las palabras de la lista y luego escucha las situaciones que se dan en la cinta. Escribe la palabra que asocias con cada una de las situaciones. Puedes escuchar las situaciones más de una vez, si quieres.

> el agravio, el apoyo, el rencor, el socorro

1. _____
2. _____
3. _____
4. _____

Paso 2. Comprueba tus respuestas en la clave de respuestas del Apéndice 2. Vuelve a escuchar las situaciones y luego escribe una oración sobre cada una, usando la palabra de la lista correspondiente.

1. _____
2. _____
3. _____
4. _____

Paso 3. (Optativo) Compara tus oraciones con las de un compañero / una compañera de clase. ¿Tienen la misma interpretación de las situaciones? ¿Cómo difieren sus interpretaciones?

✒ MI CUADERNO

Una carta a Arturo

Piensa en la escena entre Ángel y Martín Iglesias que describe Arturo. Recuerda que Arturo no ha vuelto a ver a su medio hermano y que dice que no pudo perdonarlo durante muchos años. ¿Te enojaste alguna vez con un pariente o un amigo / una amiga? ¿Dejaron Uds. de hablarse y verse durante mucho tiempo? ¿Resolvieron Uds. la disputa? ¿Cómo? Escríbele una carta a Arturo para ofrecerle tu apoyo u oposición en su deseo de hacer las paces con su medio hermano. Usa tu experiencia (si es que la tienes) como ejemplo en los consejos que le das. Si no tienes experiencia personal relacionada con una disputa así, puedes inventar una pelea, si quieres.

Querido Arturo,

_____

_____

_____

_____

_____

_____

_____

_____

_____

_____

_____

Atentamente,

_____

PARA COMENTAR

Paso 1. Este artículo, publicado en la edición española de una revista norteamericana, es una reseña (*review*) de un libro recién publicado. Antes de leer la reseña, considera el título del libro reseñado: «Sapo y el forastero» (*"Toad and the Foreigner"*). Apunta las ideas que el título te sugiere. ¿Qué tipo de libro es? ¿Para quién se escribió? ¿Cuál será (*do you suppose will be*) el tema?

apuntes generales: _____

_____

audiencia: _____

tema: _____

"Sapo y el Forastero"

Max Velthuij, Ediciones Ekaré. La Internet ha convertido al mundo en un pañuelo mucho más pequeño[a] del que ya era antes de la red. Cualquiera hubiese dicho que, estando todos comunicados, las intolerancias, los racismos y la arrogancia de ciertas razas sobre otras tendería a desaparecer. Sin embargo, no es así. El hombre continúa siendo el hombre, con Internet o sin ella, y la discriminación de unos hacia otros existe actualmente tanto como antes de la computación.

En ese sentido es que este atractivo libro para niños resulta tan importante. El tema que aborda Max Velthuij es uno que debería estar presente en la educación y formación de todos los niños del mundo: la discriminación.

Un forastero llega a un bosque, y Cochinito[b] y Pata[c] —que habitan allí— se molestan con la llegada del extranjero y hacen todo lo que está en sus manos para que éste se vaya. Pero Sapo les recuerda que todos somos distintos y que el forastero tiene muchas cosas que enseñarles.

[a]*ha... has made the world much smaller*   [b]*Little Pig*   [c]*Duck*

Paso 2. Ahora lee la reseña. ¿Necesitas cambiar algo en tus apuntes iniciales? Corrígelos y luego contesta las siguientes preguntas.

1. ¿Quiénes son los cuatro personajes que el crítico menciona en la reseña?

   _____

   _____

2. ¿Cómo será cada uno? Trata de asignarle a cada uno dos rasgos (características) generales como, por ejemplo, «simpático y tímido» o «egoísta y difícil».

   _____

   _____

   _____

3. ¿Quién será el forastero? Es decir, ¿qué tipo de animal será? ¿O no será un animal en absoluto?

   _____

   _____

4. ¿Qué libros o cuentos has leído o conoces que tratan del mismo tema? Compara los personajes y el argumento de uno de ellos con los del libro resumido.

   _____

   _____

   _____

ENTRE UD. Y YO

En esta sección tienes la oportunidad de comunicarle a tu profesor(a) lo que piensas: tus comentarios, ideas y opiniones. En el Apéndice 1, al fin de este Manual, hay una hoja de papel que puedes usar para establecer el diálogo entre tu profesor(a) y tú.

EXPLOREMOS LA LENGUA

Hace + expresiones de tiempo

¿Recuerdas cómo expresar la duración de una actividad o condición con el verbo **hacer**?

> Raquel **graba** la historia en casa (desde) **hace** una hora.
> **Hacía** casi una hora que el chofer **manejaba** hacia la estancia.

Para expresar el período de tiempo que ha pasado después de completar una acción, se usa una construcción semejante.

> **hace** + *período de tiempo* + **que** + *frase verbal en el pretérito*
> **Hace** dos horas que su madre **dejó** el mensaje.

Para formar preguntas, usa la forma apropiada de **¿cuánto?**

> **¿Cuánto** tiempo hace que llegó a Buenos Aires?
> **¿Cuántas** horas hace que salieron para la estancia?
> **¿Cuántos** años hace que Martín murió?

Actividad A. ¿Cuánto tiempo hace que... ?

Paso 1. Lee las siguientes oraciones y usa la información dada para formar oraciones nuevas con el verbo **hacer.** En algunos casos debes usar el año corriente para determinar el período de tiempo transcurrido.

> MODELO: Lucía y Raquel hablaron por primera vez el lunes. Hoy es miércoles. →
> Hace dos (tres) días que Lucía y Raquel se conocieron.

1. La última vez que Raquel vio a Luis fue en México en 1992.

   _____

2. La madre de Raquel llamó a su hija a las 10:00 de la mañana. Ahora son las 6:00 de la tarde.

   _____

3. Don Fernando murió en marzo de 1992.

   _____

4. Raquel empezó a grabar la historia de la familia Castillo a las 6:30. Ya son las 8:00.

   _____

5. Enterraron (*They buried*) a don Pedro el sábado. Hoy es martes.

   _____

Paso 2. Comprueba tus respuestas con un compañero / una compañera de clase o consulta la clave de respuestas del Apéndice 2.

Actividad B. ¿Hace mucho tiempo?

Paso 1. Contesta las siguientes preguntas con oraciones completas. Puedes contestarlas según tu experiencia o inventar respuestas.

1. ¿Cuántos minutos hace que te sentaste para hacer la tarea hoy?

   _____

2. ¿Cuántos años hace que conociste a tu mejor amigo/a?

   _____

3. ¿Cuánto tiempo hace que leíste un libro para niños?

   _____

4. ¿Cuántas horas hace que te despertaste hoy?

   _____

5. ¿Cuántas semanas hace que empezaron las clases de este semestre/trimestre?

   _____

6. ¿Cuántos semestres/trimestres hace que te matriculaste (*registered*) por primera vez para tomar clases en esta universidad?

   _____

Paso 2. Ahora escríbele cuatro preguntas a tu profesor(a) usando la misma construcción con **hace + que**. Trata de usar distintos períodos temporales (tiempo, minutos, horas, días, meses, años, etcétera).

1. _____
2. _____
3. _____
4. _____

Paso 3. (Optativo) Compara tus respuestas del Paso 1 y tus preguntas del Paso 2 con las de un compañero / una compañera de clase. Y su profesor(a), ¿puede contestar las preguntas que Uds. escribieron?

PARA ESCRIBIR MEJOR

El propósito de la composición

Aunque el tema, la organización de las ideas y una buena introducción son elementos importantes en tu composición o ensayo, ninguno de éstos te va a resultar si no tienes muy claro el propósito de lo que escribes. ¿Será un ensayo personal que refleje un aspecto de tu vida? ¿Es un artículo de prensa destinado a influir en los lectores? ¿Es una narración para relatar un suceso interesante? Tu propósito al escribir va a determinar cómo escribes —el tono que usas, dónde te colocas (dentro o fuera de lo escrito) y hasta el ritmo de tus oraciones y párrafos. Antes de escribir, apunta cuál es tu propósito para entenderlo mejor y para no olvidarlo mientras escribes. Debes considerar también quién es tu lector(a) y cómo debes dirigirte a él/ella. ¿Usarás un tono formal o informal? ¿O quizás tu tema requiere un tono irónico o satírico? ¿Te dirigirás directamente al lector / a la lectora? ¿Es importante persuadirlo o tienes como meta (*goal*) entretenerlo/la? También puedes explorar un mismo tema con dos propósitos diferentes. Por ejemplo, si estudiaste en la Argentina como parte de tu especialización universitaria, ¿en qué diferirá un ensayo que *describe* tu experiencia en el extranjero de un artículo que *persuade* al lector / a la lectora de que debería estudiar temas hispánicos antes de graduarse?

✎ Y POR FIN

Solucionando problemas

Paso 1. Piensa en una situación difícil entre dos o más personas. Algunos ejemplos son: una madre que quiere controlar la vida de sus hijos, una hija que se niega a (*refuses*) obedecer las reglas de la casa o un esposo irresponsable con su tiempo y/o dinero. Crea una lista de ideas o un mapa semántico sobre la situación que escoges.

Paso 2. Piensa en por lo menos dos de las maneras posibles de acercarte al tema como, por ejemplo, describir el problema y apuntar posibles soluciones, relatar un incidente personal o persuadir a la persona responsable de que cambie su comportamiento. Escribe un bosquejo para cada propósito que apuntas.

Paso 3. Escribe uno o dos párrafos para cada propósito. No te olvides de incluir un título distinto para cada uno. Trata de incluir la construcción **hace... que** en tus párrafos.

Paso 4. Intercambia tus párrafos con las de un compañero / una compañera. Mientras lees los párrafos de él/ella, trata de determinar el propósito de cada uno. Subraya errores, especialmente con el uso de **hace... que,** para expresar el período de tiempo transcurrido.

Paso 5. Colaborando con tu compañero/a, intenten eliminar los errores que se señalaron mutuamente en el Paso 4. ¿Pueden Uds. hacer que los propósitos queden aún más claros en las composiciones?

Paso 6. Vuelve a escribir tu composición, incorporando los cambios discutidos anteriormente. Luego, entrégale la composición a tu profesor(a).

CAPÍTULO **seis**

INOLVIDABLE

EL VÍDEO

Actividad A. ¿En qué orden?

Paso 1. En este episodio, Arturo y Raquel empiezan a conocerse y trabajar juntos para encontrar a Ángel. Lee las siguientes oraciones sobre el Episodio 6 y ponlas en el orden (del 1 al 7) en que aparecen en el episodio.

_____ Raquel y Arturo deciden buscar a Ángel en una zona de Buenos Aires que se llama La Boca.

_____ Raquel recuerda tiempos felices con Arturo.

_____ Lucía revisa algunos documentos relacionados con La Gavia.

_____ Raquel se frustra al terminar su conversación con Luis.

_____ En su conversación con José, Arturo se entera de que debe encontrar a otro marinero, Héctor, que vive en el mismo barrio desde hace muchos años.

_____ Raquel acompaña a Arturo esa noche cuando regresa a La Boca para buscar a Héctor en una fiesta.

_____ Una llamada interrumpe a Raquel mientras graba la historia.

Paso 2. Compara tus respuestas con un compañero / una compañera de clase o consulta la clave de respuestas del Apéndice 2.

Actividad B. ¿Qué o quién es?

Paso 1. En cada uno de los siguientes fragmentos del Episodio 6 se habla de una persona o de un lugar. Identifica qué o quién es.

Ángel, La Gavia, Héctor, José, Raquel

1. _____ «Es el único hogar que recuerdan los hijos de don Fernando... Estaba en muy malas condiciones cuando don Fernando lo compró... »

2. _____ «Él ha vivido siempre en este barrio. Conoce a todo el mundo. Seguro que conoció a su hermano.»

3. _____ «¿Ves que no salís mal en las fotos? Ja, ja.»

4. _____ «Estamos buscando a una persona que frecuentaba esta zona. Ésta es su fotografía.»

5. _____ «Él fue marinero. Vive acá al lado... Vengan.»

Paso 2. ¿Recuerdas quién dijo cada una de las citas del Paso 1? Indica a la persona que habla en cada una de las citas. **¡OJO!** Se usa uno de los siguientes personajes más de una vez.

Arturo, Lucía, Mario (el dueño de la tienda de antigüedades), José

1. _____

2. _____

3. _____

4. _____

5. _____

Paso 3. Comprueba tus respuestas de los Pasos 1 y 2 con un compañero / una compañera de clase o consulta la clave de respuestas del Apéndice 2.

Actividad C. La búsqueda

Paso 1. En este episodio, Arturo y Raquel siguen la investigación en el barrio pintoresco de La Boca. Escucha el siguiente fragmento del episodio. Mientras escuchas, toma apuntes de la información que oyes.

_____

_____

_____

_____

Paso 2. Describe a los tres personajes con quienes Raquel y Arturo hablaron en este fragmento.

PERSONAJE   DESCRIPCIÓN

1. el pescadero: _____

2. La tendera (*shopkeeper*): _____

3. Mario: _____

Paso 3. Vuelve a escuchar el fragmento y consulta tus apuntes para escribir un breve resumen de lo que pasó.

_____

_____

_____

_____

Paso 4. (Optativo) Compara tu resumen con el de un compañero / una compañera de clase. ¿Pueden Uds. combinar la información de los dos resúmenes para tener uno más completo?

VOCABULARIO DEL TEMA

Actividad A. Crucigrama

Paso 1. Repasa el Vocabulario del tema del Capítulo 6 en el libro de texto. Luego, lee las siguientes oraciones que corresponden al crucigrama. Llena el crucigrama con las palabras más apropiadas para completar las oraciones. Tendrás que conjugar algunos verbos y determinar el género y número de los adjetivos. Usa la siguiente lista como guía.

acordar, brindar, contratar, desconfiado, despedir, distanciar, equivocarse, extrañar, hacerse, inoportuno, inverosímil, reanudar, renunciar, romper, tratar, vergonzoso

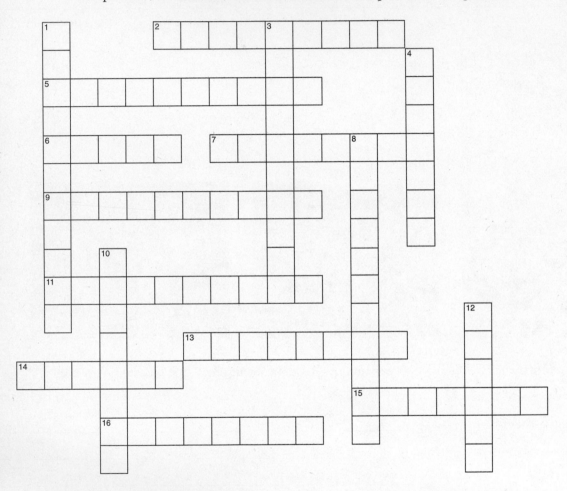

HORIZONTALES

2. Hace cinco años, Arturo y Raquel _____ con vino durante una cena en Buenos Aires.

5. Es _____ llamar a una ex novia para invitarla a cenar cuando sabes que ya tiene otro novio.

6. RAQUEL: _____ con Luis hace más de cinco años. ¿Por qué no me deja de llamar?

7. Raquel no quiere _____ sus relaciones con Luis. Luis ya no le interesa y, es más, le cae mal.

9. Lucía cree que el gobierno _____ con respecto a la reclamación de La Gavia. No es posible que haya problemas con la hacienda.

11. Parece que la llegada de Luis a México —¡y en el mismo hotel en que se queda Raquel!— fue muy _____ para ella.

13. Cuando el abogado descubrió los problemas en la firma, _____ a su puesto. Prefería buscar trabajo en otra firma.

14. ¡Qué olvidadiza (*forgetful*) soy! Me _____ de la bolsa, pero se me olvidó traer el suéter.

15. Ese jefe _____ a un empleado cada mes. Por eso, todos los empleados tienen miedo de perder su trabajo.

16. Como abogadas, nosotras _____ con una variedad de clientes, de los más ricos hasta los más humildes.

VERTICALES

1. LUCÍA: Es un reclamación _____. No entiendo por qué hacen esto. Todo está en orden. No hay ningún problema aparente.

3. Muchos novios se _____ emocionalmente cuando viven lejos.

4. Raquel _____ a Arturo mientras éste está en la Argentina.

8. Los amigos de José parecen creer que su esposa doña Flora es una persona _____. ¿Es posible que ella crea que José es culpable de escapadas amorosas?

10. La familia Castillo _____ a Lucía para llevar los asuntos de los testamentos de don Pedro y de don Fernando.

12. Lucía estudió en México, pero Raquel _____ abogada en Los Ángeles.

Paso 2. Comprueba tus respuestas con un compañero / una compañera de clase o consulta la clave de respuestas del Apéndice 2.

Actividad B. Asociaciones

Paso 1. Lee la siguiente lista de palabras y expresiones. Luego, escucha los fragmentos del Episodio 6. Escribe las dos palabras de la lista que asocias con cada fragmento que oyes. Debes usar cada palabra solamente una vez.

burlarse de, desconfiado/a, distanciarse, ejercer, inverosímil, oportuno/a

1. _____   _____
2. _____   _____
3. _____   _____

Paso 2. Comprueba tus respuestas en la clave de respuestas del Apéndice 2 y vuelve a escuchar los fragmentos. Escribe una oración sobre cada uno, usando por lo menos una de las dos palabras que asociaste con el fragmento en el Paso 1.

1. _____
2. _____
3. _____

Paso 3. (Optativo) Compara tus oraciones con las de un compañero / una compañera de clase. ¿Son semejantes sus oraciones o señalaron distintos aspectos de los fragmentos?

Actividad C. ¿Y tú?

Paso 1. En *Nuevos Destinos* hay una gran variedad de relaciones entre parientes, amigos, novios y colegas. Para cualquier persona, estas relaciones también incluyen una variedad de emociones y reacciones. Contesta las siguientes oraciones y preguntas usando palabras y frases del Vocabulario del tema de este capítulo, cuando puedas.

1. Describe las relaciones con un amigo / una amiga con el/la cual tuviste problemas. ¿Se distanciaron Uds.? ¿Resolvieron el problema?

   _____

   _____

2. ¿Conoces a una persona desconfiada? ¿Quién es? ¿Sintió desconfianza de ti (o de un amigo tuyo / una amiga tuya) alguna vez? ¿Por qué?

   _____

   _____

3. Describe una situación difícil que hayas tenido en el trabajo. ¿Tuviste que renunciar a tu puesto? ¿Te despidieron?

   _____

   _____

4. ¿Conoces a una persona oportunista? ¿Cómo es? ¿Qué hace para salir bien parado (*come out on top*) u obtener lo que desea? ¿Cómo reaccionas cuando lo hace?

   _____

   _____

Paso 2. (Optativo) Compara tus respuestas con las de un compañero / una compañera de clase. ¿Tienen Uds. alguna experiencia en común? ¿Reaccionaron de la misma manera ante situaciones difíciles?

MI CUADERNO

La búsqueda

Imagínate que eres reportero/a y acabas de conocer a Raquel y a Arturo en el barrio de La Boca. Raquel y Arturo te explicaron el motivo de su búsqueda y algo de la historia de Ángel. Piensas escribir un artículo de prensa para despertar el interés en Ángel y en su vida actual. Esperas que algún lector / alguna lectora tenga información que pueda ayudar a localizarlo. ¿Qué datos y detalles vas a incluir en el artículo? ¿Hay algunos detalles que quieras excluir por cualquier razón? ¿Cuáles son? Escribe un artículo de dos párrafos en el que describes la búsqueda de Ángel.

   _____

   _____

   _____

   _____

   _____

_____

_____

_____

_____

PARA COMENTAR

Paso 1. El siguiente recorte es de la edición española de una revista norteamericana para mujeres. Trata de informarles a sus lectoras sobre cómo brindar eficazmente. Lee el artículo.

COMO DAR UN BRINDIS

Te encantaría levantar tu copa y rendir[a] honor a tus invitados en la fiesta navideña que se avecina,[b] pero temes lo peor: tratarás de hablar, te llenarás de pánico y finalmente, cuando puedas articular palabra, dirás incoherencias. Afortunadamente, puedes convertirte en una proclamadora de brindis elocuente y segura de sí misma, siguiendo estos consejos:

● PREPARATE. Escribe de antemano lo que quieres decir y practica. Considera cuidadosamente: ¿Cuál es la ocasión? ¿Quiénes estarán presentes? Si te piden que digas un brindis en el último momento, tómate uno o dos minutos para pensar lo que quieres decir, antes de empezar a hablar.

● SE TU MISMA. Si eres lo suficientemente afortunada para decir espontáneamente líneas ingeniosas, adelante, haz reír a tus invitados. Pero si éste no es tu caso, no lo intentes. Los mejores brindis son los conformados por unas pocas, pero bien elegidas palabras.

● USA INFORMACION *INTERNA*. A las personas les encanta escuchar anécdotas de sus amigos o familiares. Comparte las tuyas. Mira videos y fotografías para refrescar tu memoria.

● HAZLO EN EL MOMENTO PRECISO. Si es una cena formal, di tu brindis después de que todos se hayan sentado y tengan una copa en la mano. Si es una fiesta de coctel, espera a que la mayoría de los invitados tenga una copa en la mano. También puedes esperar al postre o al final de la fiesta. No lo intentes cuando todos estén hablando.

● SIEMPRE PONTE DE PIE PARA BRINDAR. A menos que sea una cena muy pequeña e informal. Espera a que la habitación esté en silencio. Si es necesario, golpea[c] suavemente una cuchara contra tu copa o vaso. Puedes brindar con agua.

● SE BREVE. De 30 segundos a 2 minutos es suficiente tiempo para hacer un brindis.

● NO BEBAS MUCHO ANTES DE BRINDAR. Esto no calmará tus nervios.

● TERMINA CON UN CHOQUE[d] DE COPAS. Levanta tu copa, chócala ligeramente contra la de la persona que está a tu lado y di en voz alta... ¡salud!

[a]dar   [b]se... se acerca   [c]*hit, tap*   [d]*clink*

Paso 2. Ahora lee las siguientes oraciones e indica si cada una es cierta (C) o falsa (F), según el artículo. Corrige las oraciones falsas para que sean ciertas.

C   F   1. Antes de brindar, es mejor apuntar lo que quieres decir y practicarlo.

_____

C   F   2. En esas ocasiones inesperadas cuando te piden que pronuncies un brindis, sal de la habitación para apuntarlo y practicarlo antes de hablar.

_____

C   F   3. Debes contar por lo menos un chiste para entretener a los invitados.

_____

C   F   4. Al dar un brindis, es más importante elaborar detalles que ser breve.

_____

C   F   5. Puedes brindar con cualquier bebida en la mano, hasta con una copa de agua.

_____

C   F   6. En caso de que tengas miedo de hablar o estés nerviosa, tómate algunas copas antes de hablar.

_____

Paso 3. En el Episodio 6 Arturo y Raquel brindan durante una cena inolvidable. ¿Recuerdas las palabras que Arturo eligió? Escribe el brindis que tú le ofrecerías a un amigo / una amiga en una ocasión especial, sea una boda, una reunión entre amigos o una fiesta de cumpleaños.

_____

_____

_____

_____

_____

_____

✎ ENTRE UD. Y YO

En esta sección tienes la oportunidad de comunicarle a tu profesor(a) lo que piensas: tus comentarios, ideas y opiniones. En el Apéndice 1, al fin de este Manual, hay una hoja de papel que puedes usar para establecer el diálogo entre tu profesor(a) y tú.

EXPLOREMOS LA LENGUA

El uso de los pronombres de complemento directo

El complemento directo indica **quién** o **qué** es el recipiente de una acción.

> Arturo sacó **la fotografía** de su hermano.
> Raquel y Arturo buscan a **Ángel** en Buenos Aires.

El pronombre de complemento directo sustituye al sustantivo para evitar la repetición cuando el complemento directo ya se estableció y se sobreentiende (*is already implied*). Los pronombres tienen que concordar en persona, número y género. Por lo general, se colocan antes de un verbo conjugado, pero también pueden colocarse después de un infinitivo o gerundio. Tienen que colocarse después del verbo conjugado en los mandatos afirmativos y antes del verbo conjugado en los mandatos negativos.

LOS PRONOMBRES DE COMPLEMENTO DIRECTO

me	nos
te	os
lo/la	los/las

> Raquel y Arturo toman **vino** con la cena. Arturo **lo** compró en la región de Mendoza.
> Arturo sacó **la fotografía** de Ángel. Está usándo**la** para buscar a su hermano.

—¿**Me** llamaste anoche? —No. Iba a llamar**te,** pero no tuve tiempo.

—¿Te gustan este vestido y estos zapatos? —**El vestido,** sí. Cómpra**lo.** Pero **los zapatos** son horribles. No **los** compres.

Actividad A. Ángel

Paso 1. Lee las siguientes oraciones e indica las repeticiones que encuentras en ellas.

1. Aunque su padrastro quería darle consejos, Ángel no quiso escuchar los consejos para nada.
2. Ángel no quería ir a sus clases. Dejó de tomar las clases.
3. Ángel había dejado sus estudios universitarios. Nunca volvió a la universidad para terminar sus estudios.
4. Parece que Ángel escribió a su madre una vez, pero él nunca volvió a visitar a su madre.
5. Cuando Arturo les pregunta a los marineros si recuerdan a su medio hermano, le dicen: «No, no conocemos a su medio hermano.»

Paso 2. Vuelve a escribir las oraciones, sustituyendo con un pronombre de complemento directo las repeticiones.

1. _____
2. _____
3. _____
4. _____
5. _____

Paso 3. Comprueba tus respuestas con un compañero / una compañera de clase o consulta la clave de respuestas del Apéndice 2.

Actividad B. Escúchalo

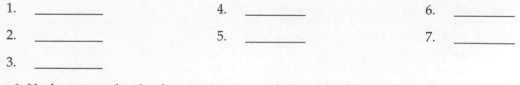 **Paso 1.** Escucha los siguientes fragmentos del Episodio 6. Apunta el pronombre de complemento directo que oyes en cada uno. Puedes escuchar más de una vez, si quieres.

1. _____   4. _____   6. _____
2. _____   5. _____   7. _____
3. _____

Paso 2. Vuelve a escuchar los fragmentos para indicar a qué o a quién se refiere el pronombre.

1. _____   5. _____
2. _____   6. _____
3. _____   7. _____
4. _____

Paso 3. Comprueba tus respuestas con un compañero / una compañera de clase o consulta la clave de respuestas del Apéndice 2.

Identificando al lector / a la lectora

Antes de empezar a escribir, es necesario identificar a tu lector(a). Esa persona va a ser parcialmente imaginada y debe ser generalizada. Algunos lectores son fáciles de determinar como, por ejemplo, cuando se escribe un libro para niños o un artículo para tenistas. Pero otros lectores pueden ser más difíciles de identificar. Si escribes para un profesor / una profesora, ten en cuenta lo que él/ella espera de ti, pero trata de imaginar a otro lector / a otra lectora. Los siguientes pasos te pueden ayudar en definir e identificar quién es esa persona.

- Al escribir, debes imaginarte que tú eres el experto / la experta en algo: tienes alguna información o experiencia que el lector / la lectora no tiene y quizás necesite o desee. Elabora los detalles necesarios para informarlo/la bien.
- Cuando imaginas y generalizas a tu lector(a), considera su edad y sus intereses. A lo mejor, son muy semejantes a los tuyos. Si son diferentes, incluye la información necesaria para que él/ella pueda disfrutar de lo que escribes.
- Ten en cuenta la formalidad del lenguaje que empleas. Tanto el tema como la identificación de tu lector(a) van a determinar si debes usar un tono y lenguaje informales o si debes mantener cierta formalidad y distancia.

Y POR FIN

Dos lectores, un solo tema

Paso 1. En el Capítulo 3 escribiste tres propuestas para tres revistas diferentes. ¿Las recuerdas? Aunque tenías en cuenta la revista y a su redactor(a), también debías tener en cuenta al lector / a la lectora. Éste/a dictó el enfoque de tu propuesta. En esta sección, vas a escoger un tema para el cual escribirás dos composiciones breves, cada una dirigida a un lector distinto / a una lectora distinta. El tema puede basarse en algo que sabes hacer o usar o puede basarse en una experiencia o anécdota personal o imaginada. Escoge tu tema y haz una lista de ideas o un mapa semántico.

Paso 2. Imagina dos lectores muy diferentes. Considera los posibles grupos: entusiastas de lo que sabes hacer o usar (como, por ejemplo, tenistas que van a leer un artículo sobre cómo comprar la mejor raqueta de tenis) y personas con un interés personal en lo que escribes (como, por ejemplo, tu experiencia al perder a un ser querido). Recuerda también que los lectores pueden ser de edades y generaciones distintas. Escoge tus lectores y apúntalos.

Paso 3. Haz un bosquejo de lo que vas a escribir para cada lector(a). Piensa en qué van a diferenciarse las dos composiciones.

Paso 4. Escribe las composiciones. Si tienes tiempo, escribe los borradores y espera unos días antes de redactarlos.

Paso 5. Intercambia tus composiciones con las de un compañero / una compañera de clase. Mientras lees sus composiciones, busca y subraya errores, especialmente con respecto a los pronombres de complemento directo. Trata de determinar al lector / a la lectora que tu compañero/a imaginó.

Paso 6. Colaborando con tu compañero/a, intenten corregir los errores que se señalaron mutuamente en el Paso 5. ¿Pueden Uds. eliminar repeticiones de los complementos directos?

Paso 7. Vuelve a escribir tus composiciones, incorporando los cambios discutidos anteriormente. Luego, entrégale las composiciones a tu profesor(a).

CAPÍTULO **siete**
CONSEJOS

EL VÍDEO

Actividad A. La búsqueda continúa

Paso 1. ¿Cuánto recuerdas del inicio de la búsqueda de Ángel? Contesta brevemente las siguientes preguntas. Comprueba tus respuestas en la clave de respuestas del Apéndice 2.

1. ¿Cómo se llama el barrio donde Arturo y Raquel comenzaron la búsqueda?
   _____

2. ¿Qué llevaban consigo para ayudarlos a localizar a Ángel?
   _____

3. José, el marinero, les recomendó a Arturo y Raquel que hablaran con otra persona. ¿Quién es esa persona?
   _____

4. ¿Por qué se les recomendó que hablaran con esa persona?
   _____

5. ¿Adónde tuvieron que ir para conocerlo?
   _____

Paso 2. Escucha los siguientes fragmentos del encuentro con Héctor. Toma apuntes mientras escuchas. **¡OJO!** Los fragmentos no están en el orden cronológico apropiado.

APUNTES

1. _____
2. _____
3. _____
4. _____
5. _____

Paso 3. Ahora escribe una narración del encuentro con Héctor basada en los fragmentos que has oído y en otra información que falte. No te olvides de poner los acontecimientos en el orden cronológico apropiado. Puedes volver a escuchar los fragmentos, si quieres.

_____

_____

_____

_____

_____

_____

_____

_____

Paso 4. (Optativo) Compara tu narración con la de un compañero / una compañera. ¿Pueden Uds. recordar otros detalles para hacer que la narración sea más completa?

Actividad B. Lucía se preocupa

 **Paso 1.** En este episodio, Lucía empieza a preocuparse bastante por La Gavia. Escucha los siguientes fragmentos y empareja cada uno de ellos con la situación más apropiada de la lista a continuación.

a. Lucía habla consigo misma.
b. Lucía deja un mensaje para Raquel.
c. Lucía habla con Raquel.
d. Lucía se despide de Raquel.

1. _____ 2. _____ 3. _____ 4. _____

Paso 2. Comprueba tus respuestas en la clave de respuestas del Apéndice 2. Luego, lee las siguientes frases. Empareja cada frase de la columna a la izquierda con la frase más apropiada de la columna a la derecha. Puedes volver a escuchar los fragmentos del Paso 1, si quieres.

1. _____ Los consejos de Raquel...

2. _____ Don Fernando dejó...

3. _____ Lucía llama a Raquel para...

4. _____ Lucía piensa que...

5. _____ Lucía quiere que Raquel le ayude porque...

6. _____ Lucía está perdida porque...

7. _____ Lucía no entiende...

a. pedirle consejo sobre el caso Castillo.

b. Armando puede aconsejarla, pero está de viaje.

c. tiene mucha experiencia investigativa.

d. le sirven mucho a Lucía.

e. por qué el gobierno reclama La Gavia.

f. un testamento muy detallado y provisiones para todo.

g. no encuentra anomalías, es decir, ningún problema por parte de la familia Castillo.

Paso 3. Comprueba tus respuestas con un compañero / una compañera de clase o consulta la clave de respuestas del Apéndice 2.

Actividad C. Los consejos de Raquel

Paso 1. En este episodio, Raquel le ofrece a Lucía algunos consejos. Primero, lee las siguientes oraciones. Luego, escucha el fragmento del Episodio 7 en la cinta e indica las oraciones que se relacionan con lo que Raquel le dice a Lucía.

1. ___ Raquel no puede explicarle por qué el gobierno reclama La Gavia.

2. ___ Raquel puede viajar inmediatamente a México para ayudar a Lucía.

3. ___ Lucía debe ponerse en contacto inmediatamente con la Secretaría del gobierno.

4. ___ Lucía debe informarse no sólo de la historia de la familia Castillo que le cuenta Raquel, sino también de las relaciones actuales entre los miembros de la familia.

5. ___ Los abogados del gobierno le darán a Lucía todos los documentos que necesite.

6. ___ Lucía debe recoger certificados de nacimiento, boda y propiedad.

Paso 2. Comprueba tus respuestas en la clave de respuestas del Apéndice 2. Luego, piensa en las preocupaciones de Lucía y los consejos de Raquel. En tu opinión, ¿por qué reclama La Gavia el gobierno? ¿Qué va a pasar? Escribe dos o tres oraciones para expresar tu opinión.

_____

_____

_____

Paso 3. (Optativo) Compara tu opinión con un compañero / una compañera. ¿Tienen Uds. ideas semejantes o diferentes? ¿Pueden Uds. defender sus opiniones?

VOCABULARIO DEL TEMA

Actividad A. Unos consejos

Paso 1. ¿Qué hay que hacer (*What must one do*) en las siguientes situaciones? Lee cada una de las oraciones a continuación y escribe consejos, usando las palabras y frases de la siguiente lista.

> MODELO: Arturo se siente desanimado porque no encuentra ni rastro (*not a sign*) de Ángel. →
> Hay que animar a Arturo. (Hay que animarlo.)

> aconsejar, agradecer, alentar, amonestar, animar, confortar, exhortar (a), indagar, regañar, solicitar ayuda

1. Raquel le ha dado a Lucía muy buenos consejos sobre lo que debe hacer.

_____

2. Raquel lleva algún tiempo deprimida y sin muchos deseos de salir con sus amigas.

_____

3. Lucía ha leído con cuidado casi todos los documentos pertinentes a la familia Castillo, pero no encuentra problemas. Tal vez Raquel le pueda ayudar en algo.

_____

4. Héctor siempre llega a casa tarde por la noche y, a veces, un poco borracho. Su mujer ya está harta (*is fed up*) con el comportamiento de su esposo.

_____

5. Lucía no entiende por qué el gobierno mexicano reclama La Gavia. Es necesario que ella investigue esto más a fondo.

_____

Paso 2. (Optativo) Compara tus consejos con los de un compañero / una compañera de clase. ¿Llegaron Uds. a las mismas conclusiones? ¿Por qué sí o por qué no?

Actividad B. Situaciones

Paso 1. Escucha las siguientes situaciones y empareja cada una con la palabra más apropiada de la lista.

      acudir a, agradecer, alentar, exhortar, regañar

1. _____   4. _____

2. _____   5. _____

3. _____

Paso 2. Comprueba tus respuestas en la clave de respuestas del Apéndice 2. Luego, vuelve a escuchar cada situación y escribe una oración que la describa, usando la palabra que asocias con ella.

1. _____

2. _____

3. _____

4. _____

5. _____

Paso 3. (Optativo) Compara tus oraciones con un compañero / una compañera de clase. ¿Entendieron Uds. las situaciones de la misma manera?

Actividad C. Definiciones

Paso 1. Escucha las siguientes definiciones y empareja cada una de ellas con la palabra de la lista más apropiada.

      amonestar, confortar, indagar, solicitar, sugerir

1. _____   4. _____

2. _____   5. _____

3. _____

Paso 2. Comprueba tus respuestas en la clave de respuestas del Apéndice 2. Luego, escribe tres oraciones originales, usando por lo menos una palabra de la lista en cada una.

1. _____

2. _____

3. _____

Paso 3. (Optativo) Compara tus oraciones con un compañero / una compañera de clase. ¿Usaron Uds. las mismas palabras en sus oraciones? ¿Pueden Uds. inventar oraciones para las palabras que ninguno/a de Uds. usó?

✎ MI CUADERNO

El matrimonio y la cigüeña (*stork*)

En este dibujo de Quino, creador de Mafalda, una cigüeña le habla al cura (*priest*) que va a casar a una pareja. ¿Qué le estará diciendo? ¿Le exhorta a hablar con la pareja? ¿Quiere que el cura regañe o amoneste a la pareja? ¿Por qué? Trata de imaginar la conversación y escribe un diálogo entre el cura y la cigüeña. O, si prefieres, escribe una narración sobre lo que pasa en el dibujo.

_____

_____

_____

_____

_____

_____

_____

_____

_____

_____

_____

_____

PARA COMENTAR

Paso 1. ¿Recuerdas el cuento infantil «Caperucita Roja» (*"Little Red Riding Hood"*)? ¿Qué pasó en ese cuento? Escribe cinco o seis oraciones en las que explicas adónde va Caperucita Roja y por qué, cómo tiene que ir, con quién se encuentra, etcétera.

_____

_____

_____

_____

_____

_____

Paso 2. Ahora considera el siguiente dibujo (hecho también por Quino) de una Caperucita Roja moderna. ¿Cómo ha cambiado el cuento, según el dibujo? Contesta las siguientes preguntas según tu perspectiva.

Palabra útil: los guardaespaldas (*bodyguards*)

1. ¿A quiénes acudió Caperucita Roja para protegerla? ¿Por qué?

_____

2. ¿Quién le habrá sugerido solicitar ayuda?

_____

3. ¿Qué harían los hombres si vieran al lobo?

_____

4. ¿Con quién se estará comunicando el hombre por teléfono celular?

_____

5. ¿Qué le aconsejarías al lobo que haga?

_____

Paso 3. ¿Cuál es la moraleja (*moral*) del dibujo? Escribe una oración que exprese lo que este dibujo te revela.

_____

_____

✎ ENTRE UD. Y YO

En esta sección tienes la oportunidad de comunicarle a tu profesor(a) lo que piensas: tus comentarios, ideas y opiniones. En el Apéndice 1, al fin de este Manual, hay una hoja de papel que puedes usar para establecer el diálogo entre tu profesor(a) y tú.

EXPLOREMOS LA LENGUA

El uso de los pronombres de complemento indirecto

El complemento indirecto indica **a quién** o **para quién** se dirige una acción, es decir, quién recibe indirectamente una acción.

> Raquel, necesito que **me** des algún consejo.

Es necesario que el pronombre de complemento indirecto se incluye en una oración aunque el complemento indirecto ya se exprese. Se incluye la preposición **a** en estas situaciones.

> Héctor **les** mostró el cuadro a **Raquel y Arturo.**

Igual que los pronombres de complemento directo, los de complemento indirecto tienen que concordar en persona y número. También se colocan en las mismas posiciones en que aparecen los pronombres de complemento directo.

LOS PRONOMBRES DE COMPLEMENTO INDIRECTO

me	nos
te	os
le	les

> Lucía, voy a dar**te** los consejos que necesitas.
> Raquel y Arturo están preguntándo**les** a todos si conocen a Ángel.
> Héctor **le** dio la carta a Arturo.
> ¡**Di**me dónde estuviste toda la noche!
> ¡No **nos** grites tanto!

_____

Actividad A. Más consejos

Paso 1. Imagínate que, después de hablar con Lucía, Raquel decide elaborar más consejos por correo electrónico. Complétalo con los pronombres de complemento indirecto más apropiados.

Lucía, quería decir _____[1] algunas cosas más. Yo creo que Ramón, el hijo mayor de don

Fernando, _____[2] puede ofrecer a ti y a mí información importante. Debes hablar con él o

escribir_____[3] lo más pronto posible. También _____[4] parece a mí, como _____[5] dije

por teléfono, muy urgente que te enteres de lo que pasa con la primera familia de don Fernando.

Quizás alguien _____[6] haya dicho algo a Ramón y a Mercedes. Pregúnta_____.[7] Si se me

ocurre otra cosa, _____[8] hablaré en seguida.

Buena suerte,
Raquel

Paso 2. Comprueba tus respuestas en la clave de respuestas del Apéndice 2. Luego, piensa en un problema (real o inventado) que tiene un amigo / una amiga o un pariente. Escríbele un mensaje breve, de tres o cuatro oraciones, para ofrecerle algún consejo. Usa los verbos del Vocabulario del tema, si quieres. Debes usar pronombres de complemento indirecto en tus oraciones.

_____

_____

_____

_____

_____

_____

Paso 3. (Optativo) Compara tu mensaje con el de un compañero / una compañera. ¿Pueden Uds. añadir más consejos a los mensajes?

Actividad B. Un resumen del episodio

Paso 1. Forma oraciones sobre el Episodio 7 usando las indicaciones a continuación. Ten en cuenta el tiempo y la forma verbal que debes usar (puedes usar el presente de indicativo), la concordancia entre los sustantivos y adjetivos y las palabras que necesitas añadir, especialmente con respecto a los pronombres de complemento indirecto.

1. Lucía / preguntarse / por qué / gobierno / querer quitar / La Gavia / a la familia Castillo

   _____

   _____

2. Cuando / Raquel / no contestar / llamada / Lucía / dejar / mensaje / a ella: / —ir / llamar / a ti / a casa

   _____

   _____

3. Raquel / seguir / grabar / historia / encuentro con Héctor / a Lucía

   _____

4. Héctor / regalar / dibujo / de Ángel / a Arturo

   _____

5. Héctor / prometer / a ellos / buscar / carta

   _____

6. Arturo / decir / a Raquel / que / Héctor / tener / carta

   _____

7. Lucía / hablar / a Raquel / por teléfono / y / decir / a ella: / —dar / a mí / consejo

   _____

   _____

8. Raquel / ofrecer / a ella /algunos consejos

   _____

Paso 2. Comprueba tus oraciones con un compañero / una compañera de clase o consulta la clave de respuestas del Apéndice 2.

PARA ESCRIBIR MEJOR

El tono

La perspectiva del escritor / de la escritora se refleja en el tono de lo que escribe. La actitud y el tono se expresan a través del estilo en que uno escribe, como el uso de lenguaje ornamental, sarcástico o directo, lenguaje formal o informal, etcétera. El tono con el cual tú escribes también se verá afectado por el lector / la lectora que te imaginas. Por ejemplo, si escribes sobre los peligros de caminar solo/a por la calle, una pieza dirigida a los niños sería diferente de una para los adultos. Para niños, tu tono se establecerá mediante (*through*) un lenguaje informal y directo. Para adultos, es posible que vayas a un lenguaje más detallado y formal.

    Antes de escribir, ten en cuenta quién es tu lector(a), tu actitud hacia el tema y los recursos estilísticos que debes emplear para establecer el tono que deseas.

Y POR FIN

Una carta de agradecimiento

Paso 1. Imagínate que tu posición y/o profesión te obliga a escribirle una carta a alguien, en la que expresas la gratitud por los consejos y la ayuda que esa persona te dio. Inventa un problema que podrías tener en el trabajo y por el que tendrías que solicitar ayuda, y haz una lista de ideas o un mapa semántico.

Paso 2. En la carta, debes agradecerle a esa persona los consejos que te dio, la información que te mandó y el tiempo que te dedicó. Primero, escribe el bosquejo para organizar tus ideas y luego redacta la carta. No te olvides de incluir un saludo y una despedida apropiados para la situación.

Paso 3. Intercambia tu carta con la de un compañero / una compañera de clase. Mientras lees su carta, señala los errores que hizo, especialmente con respecto a los pronombres de complemento indirecto.

Paso 4. Colaborando con tu compañero/a, intenten corregir los errores que se señalaron en el Paso 3. ¿Pueden Uds. evitar las repeticiones con el uso del pronombre de complemento indirecto?

Paso 5. Vuelve a escribir tu carta, incorporando los cambios discutidos anteriormente. Luego, entrégale la carta a tu profesor(a).

CAPÍTULO **ocho**

COMO PEZ FUERA DEL AGUA

EL VÍDEO

Actividad A. La carta de Arturo

Paso 1. En el episodio anterior, Raquel recibió una carta de Arturo, quien está de viaje. Escucha el siguiente fragmento del Episodio 8, en el que Raquel lee en voz alta algunas frases de la carta. Luego, completa la siguiente transcripción del fragmento con las palabras apropiadas. Puedes escuchar más de una vez, si quieres.

Querida Raquel: Te escribo esta carta porque es más fácil

_____ [1] así... me han ofrecido una oferta de

_____ [2] en un _____ [3] muy

importante... Mi _____ [4] allí... estoy confundido. Yo

_____ [5]... Pero yo siento un vacío en mi vida... Tú tienes

_____ [6] en Los Ángeles... yo me siento con frecuencia

_____ [7]... necesito más tiempo _____ [8]

para pensar... te prometo que _____ [9] en unos días...

Compréndeme y perdóname. Arturo.

Paso 2. Comprueba tus respuestas en la clave de respuestas del Apéndice 2. Luego, contesta brevemente las siguientes preguntas.

1. ¿Dónde está Arturo?

_____

2. ¿Qué le ofrecieron a Arturo? ¿Dónde?

_____

3. ¿Quién estaba allí que podría molestarle a Raquel?

_____

4. ¿Cómo se siente Arturo cuando está en Los Ángeles?

   _____

5. En tu opinión, ¿por qué se siente así Arturo?

   _____

Paso 3. (Optativo) Compara tus respuestas con las de un compañero / una compañera de clase o en la clave de respuestas del Apéndice 2. Luego, comenten sus opiniones sobre lo que va a pasar entre Arturo y Raquel. ¿Romperán relaciones? ¿Va a reanudar relaciones Arturo con su ex mujer?

Actividad B. En Puerto Rico

Paso 1. En este episodio, Raquel cuenta lo que ocurrió cuando llegó a Puerto Rico hace cinco años. Escucha el siguiente fragmento, en el que Raquel habla con la vecina de Ángel Castillo.

Paso 2. Escribe las palabras de la lista que se asocian con Ángel y/o con su esposa, según el fragmento del Paso 1. Puedes volver a escuchar el fragmento, si quieres.

> buen vecino / buena vecina, casado/a, enfermo/a, enterrado/a, escritor(a), independiente, lindo/a, muerto/a, preocupado/a, viudo/a,

ÁNGEL   SU ESPOSA

_____   _____

_____   _____

_____   _____

_____   _____

_____   _____

_____   _____

Paso 3. Comprueba tus respuestas en la clave de respuestas del Apéndice 2. Luego, escribe tres oraciones basadas en la información que la vecina le da a Raquel: en la primera, vas a describir a Ángel, en la segunda, a su esposa y en la tercera, a los dos.

1. Ángel: _____

2. su esposa: _____

3. los dos: _____

Paso 4. (Optativo) Compara tus oraciones con las de un compañero / una compañera de clase. ¿Pueden pensar en una oración adicional que describa a los Castillo?

Actividad C. En San Juan

Paso 1. Escucha los siguientes fragmentos del Episodio 8 y empareja cada uno con las situaciones a continuación. Puedes escuchar más de una vez, si quieres.

a. una estudiante en la calle
b. la vecina en la calle del Sol
c. un cantero (*stonecutter*) en el cementerio

d. Ángela en el cementerio
e. Ángela en su coche
f. Ángela en su piso

1. _____ 2. _____ 3. _____ 4. _____ 5. _____ 6. _____

Paso 2. Comprueba tus respuestas en la clave de respuestas del Apéndice 2. Se presenta la lista de las situaciones del Paso 1 en el orden cronológico apropiado. Ahora, basándote en las situaciones y en los fragmentos que escuchaste, escribe un resumen de lo que le pasa a Raquel en San Juan.

_____

_____

_____

_____

_____

Paso 3. Ahora lee las siguientes oraciones incompletas. Luego, escucha los fragmentos del encuentro entre Raquel y Ángela para completar la información que Ángela le da a Raquel. Puedes escuchar más de una vez, si quieres.

1. La madre de Ángela escribía _____.

2. Ángela va a _____ pronto porque no aguanta el apartamento sin sus padres.

3. Ángela tiene _____ en San Juan, y los llama para que conozcan a Raquel.

4. Ángela tiene _____ que se llama Roberto.

5. _____ materna de Ángela se llama doña Carmen.

6. Entre Ángel y _____ había relaciones muy estrechas —eran más bien como hijo y madre.

Paso 4. Comprueba tus respuestas del Paso 3 con un compañero / una compañera de clase o consulta la clave de respuestas del Apéndice 2. También puedes comparar tu resumen del Paso 2 con el de un compañero / una compañera de clase. ¿Pueden añadir algún detalle a los resúmenes para hacerlos más completos?

Actividad D. ¿Dos codicilos?

Paso 1. En este episodio, Lucía recibe un documento e información del gobierno que la deja confusa. Escucha el siguiente fragmento y completa el resumen a continuación. Puedes escuchar más de una vez, si quieres.

Lucía recibe un documento que hace mención de los _____[1]. Lucía está confusa

porque sólo sabe del codicilo que beneficia a los _____[2] puertorriqueños. Decide via-

jar inmediatamente a _____[3] en el _____[4] vuelo que Marina pueda

conseguir. También le dice a Marina que le mande un _____[5] a Raquel para informar-

le de su viaje y para mandarle una copia de la _____[6] del gobierno. Además, no

quiere que Raquel le mande la _____[7] con el resto de la _____[8] de la

familia Castillo.

Paso 2. Comprueba tus respuestas en la clave de respuestas del Apéndice 2. Luego, vuelve a escuchar el fragmento. Haz el papel de Marina y redacta el fax que debe mandarle a Raquel.

_____

_____

_____

_____

_____

_____

_____

Paso 3. (Optativo) Compara tu fax con el de un compañero / una compañera. ¿Incluyeron toda la información que Lucía pidió?

VOCABULARIO DEL TEMA

Actividad A. Arturo Iglesias

Paso 1. Completa cada una de las siguientes preguntas con la palabra más apropiada de la lista. (No repitas ni cambies la forma de esas palabras.)

> añora, aportar, forastero, asimilarse

1. ¿Crees que Arturo podrá _____ totalmente a la sociedad norteamericana?

2. ¿Consideras que un psiquiatra como Arturo puede _____ algo importante a la sociedad norteamericana?

3. ¿Crees que cuando Arturo está en California _____ Buenos Aires?

4. ¿Será difícil ser _____ en un país con una lengua y cultura diferentes de las tuyas?

Paso 2. Ahora lee las siguientes respuestas a las preguntas del Paso 1. Escribe el número de la pregunta que cada una contesta.

_____ Sin lugar a dudas (*Without a doubt*), salir del país natal nunca es fácil, sobre todo si no entiendes la lengua que se habla allí.

_____ Sí, porque no es fácil olvidar a la familia, los amigos y los lugares de la juventud.

_____ No lo creo. Es difícil adaptarse totalmente a una cultura distinta, especialmente cuando uno es mayor de edad.

_____ Claro, porque se necesitan más profesionales hispanohablantes.

Paso 3. Comprueba tus respuestas con un compañero / una compañera de clase o consulta la clave de respuestas del Apéndice 2.

Paso 4. (Optativo) Con un compañero / una compañera, comenten las respuestas del Paso 2. ¿Están Uds. de acuerdo? ¿Tienen ideas diferentes? Defiendan su posición.

Actividad B. Crucigrama

Paso 1. Repasa el Vocabulario del tema del Capítulo 8 en el libro de texto. Luego, lee las siguientes oraciones que corresponden al crucigrama. Llena el crucigrama con las palabras más apropiadas para completar las oraciones. Tendrás que conjugar algunos verbos y determinar el género y número de los sustantivos. Usa la siguiente lista como guía.

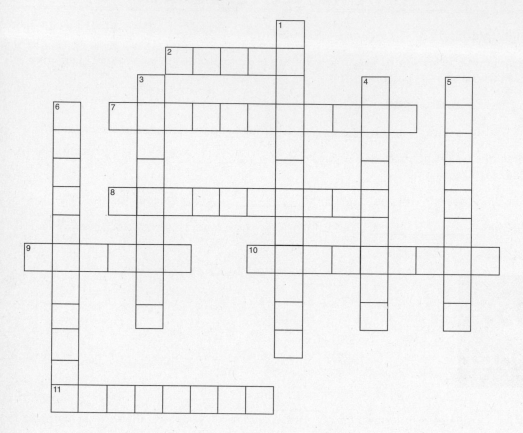

añorar, asimilar, ciudadano, desterrar, exiliado, experimentar, extranjero, forastero, refugiado, tarjeta verde, visado

HORIZONTALES

2. Arturo quiere compartir su vida con Raquel, pero cuando está en California, _____ su vida en la Argentina.

7. Cada año, miles de estudiantes _____ van a universidades norteamericanas para mejorar su dominio del inglés y aprender más sobre la cultura de los Estados Unidos.

8. Durante las elecciones, sólo los _____ de la Argentina pueden votar por su candidato a presidente.

9. Antes de viajar a muchos países, es necesario llevar un pasaporte y un _____.

10. Muchos gobiernos del mundo optan por _____ a los disidentes y otras personas que muestran abiertamente sus actitudes y opiniones contra el gobierno.

11. Los niños _____ a una nueva cultura y lengua más fácilmente que los adultos.

VERTICALES

1. Para trabajar legalmente en los Estados Unidos, Arturo necesita una _____.

3. Muchos _____ políticos tratan de reestablecerse en países que simpatizan con su situación y su ideología.

4. Otra palabra para extranjero es _____.

5. Después de la guerra, a él no le fue permitido regresar a su tierra, así que vivió como _____ en los campos de un país hostil.

6. La niña _____ mucho dolor cuando recuerda la muerte de sus padres y hermanos.

Paso 2. Comprueba tus respuestas con un compañero / una compañera de clase o consulta la clave de respuestas del Apéndice 2.

MI CUADERNO

El amor y la distancia

Paso 1. Parece que Arturo y Raquel tienen que tomar unas decisiones difíciles. ¿Qué pueden hacer para estar juntos y seguir con sus carreras? ¿Qué pueden hacer con respecto a la diferencia de culturas? Haz el papel de un amigo mutuo / una amiga mutua y escríbeles una carta a Arturo y a Raquel para animarlos a buscar una solución, ofreciendo tu opinión sobre cómo pueden resolver el problema.

Queridos Arturo y Raquel:

_____

_____

_____

_____

_____

_____

_____

_____

_____

_____

_____

Un abrazo,

_____

Paso 2. Intercambia tu carta con la de un compañero / una compañera de clase. ¿Están de acuerdo con respecto a la solución a los problemas que tienen Arturo y Raquel?

PARA COMENTAR

Paso 1. El siguiente dibujo es otro de Quino. Estúdialo y luego contesta las siguientes preguntas.

1. ¿Qué mira el niño mayor en medio del parque?

    _____

2. ¿Qué representa ese objeto? Explica cómo se expresa el simbolismo.

    _____

    _____

3. ¿Por qué es irónico este dibujo?

    _____

4. En tu opinión, ¿cómo refleja este dibujo la sociedad actual?

    _____

    _____

Paso 2. ¿Qué se prohíbe hacer en el parque del dibujo? Hay varios avisos (*signs*) en el dibujo —¡hasta hay una autoprohibición en lugar de la firma del artista! Estudia los ocho avisos que hay en el parque y escribe una oración (puede ser en forma de mandato o no) que exprese cada uno. Busca palabras en el diccionario si no sabes expresar cierta cosa.

1. _____

2. _____

3. _____
4. _____
5. _____
6. _____
7. _____
8. _____

Paso 3. Comprueba tus respuestas con un compañero / una compañera de clase o consulta la clave de respuestas del Apéndice 2.

ENTRE UD. Y YO

En esta sección tienes la oportunidad de comunicarle a tu profesor(a) lo que piensas: tus comentarios, ideas y opiniones. En el Apéndice 1, al fin de este Manual, hay una hoja de papel que puedes usar para establecer el diálogo entre tu profesor(a) y tú.

EXPLOREMOS LA LENGUA

Usando dos pronombres en la misma oración

Cuando los pronombres de complemento directo e indirecto aparecen en una misma oración, el complemento indirecto precede al complemento directo.

> —Necesito hacer una reservación a Los Ángeles. ¿**Me la** puedes hacer?
> —Sí. Voy a hacér**tela** pronto.
> —No, por favor.Ház**mela** ahora mismo. Quiero salir lo más pronto posible.
> —Bueno. Estoy haciéndo**tela** ahora mismo.

Cuando los dos pronombres reflejan la tercera persona, la forma del pronombre indirecto cambia por **se.**

> Arturo **le** escribió **una carta** a Raquel. **Se la** mandó en seguida.
> Raquel sabe casi todo **la historia** de los Castillo. Está grabándo**sela** a Lucía.

Actividad A. Preguntas

Paso 1. Lee las siguientes preguntas. Haciendo el papel de la persona indicada, contesta cada pregunta usando las palabras entre paréntesis, sustituyendo los sustantivos en función de complemento directo e indirecto por sus pronombres correspondientes. (// indica una nueva oración.)

> MODELO: ÁNGELA: ¿Te puedo hacer otra pregunta?
> RAQUEL: Claro, (hacer / pregunta / a mí) → házmela.

1. RAQUEL: ¿Me escribiste una carta?
   ARTURO: Sí, (estar / mandar / carta / a ti / ahora)

   _____

2.   ÁNGELA: ¿Héctor les dio a Uds. este dibujo de mi padre?

           RAQUEL: Sí, (dar / dibujo / a nosotros / en la Argentina)

---

3.   TÍA OLGA: ¿Qué mujer? ¿Qué historia?

           ÁNGELA: Vengan tú y tus hermanos a mi casa. Es una historia muy interesante. (Querer / explicar / la historia / a Uds.)

---

4.   MARINA: ¿Le envío el fax a Ramón también?

           LUCÍA: No, (no enviar / fax / a Ramón // enviar / fax / sólo / a Raquel)

Paso 2. Comprueba tus respuestas con un compañero / una compañera de clase o consulta la clave de respuestas del Apéndice 2.

Actividad B. Preguntas personales

Paso 1. Contesta las siguientes preguntas empleando los pronombres de complemento directo e indirecto.

1. ¿Quién te ha mandado una carta recientemente?

    _____

2. ¿Qué profesor(a) les da más exámenes a los estudiantes?

    _____

3. ¿Quién les trae comida y regalitos a Ud. y a su compañero/a de cuarto (a su familia) con frecuencia?

    _____

4. ¿A quién le das muchas excusas con frecuencia?

    _____

5. ¿A quién le haces muchas preguntas cuando no entiendes la tarea?

    _____

Paso 2. (Optativo) Compara tus respuestas con las de un compañero / una compañera de clase. ¿Pueden Uds. hacerse más preguntas que requieran el uso de dos pronombres en una misma oración?

PARA ESCRIBIR MEJOR

Las palabras transicionales

Un elemento que ayuda a guiar a tu lector(a) son las palabras transicionales, es decir, palabras que establecen relaciones entre las partes de lo que escribes. Por ejemplo, para expresar una serie de acciones, puedes usar las palabras **primero, segundo, tercero,** etcétera, para guiar al lector / a la lectora. Cuando quieres marcar contrastes, puedes usar una expresión como **por otro lado;** para destacar una semejanza, puedes emplear expresiones como **del mismo modo** o **también.** Cuando llegas a la conclusión, puedes usar una expresión como **en fin, en conclusión** o **para concluir.** Estas palabras conectan tus ideas, ayudando así a tu lector(a) a entenderlas. Trata de emplear éstas y otras expresiones como las siguientes en tus composiciones.

además	finalmente	por eso
así	no obstante	por lo tanto
asimismo	para comenzar	por otra parte
con todo	para resumir	por último
de este modo	para ser breve	por una parte
en primer lugar	por consiguiente	sin embargo
en segundo lugar	por el contrario	tampoco

Y POR FIN

Un resumen de la historia

Al contar una historia que tiene múltiples personajes, lugares de acción y argumentos, el escritor / la escritora tiene que establecer las relaciones entre todas las partes claramente para su lector(a). Un elemento que puede facilitar este proceso es el uso de palabras transicionales. En esta sección, vas a escribir un resumen de la investigación original de Raquel.

Paso 1. Piensa en lo que sabes de la investigación que hizo Raquel hace cinco años. Luego, escribe una lista de ideas o un mapa semántico para ayudarte a acumular los detalles necesarios.

Paso 2. Ahora organiza los acontecimientos en un bosquejo. Luego, escribe un borrador de la investigación de Raquel.

Paso 3. Si tienes tiempo, deja el borrador a un lado por unas horas o unos días. También debes repasar la lista de palabras transicionales que se te señalaron en Para escribir mejor.

Paso 4. Vuelve a leer tu borrador y trata de ver dónde puedes añadir palabras transicionales. Añade información que se te olvidó incluir.

Paso 5. Intercambia tu resumen con el de un compañero / una compañera. Mientras lees su resumen, señala los errores gramaticales, especialmente con respecto a los pronombres de complemento directo e indirecto.

Paso 6. Colaborando con tu compañero/a, intenten eliminar los errores gramaticales que se señalaron en el Paso 5. ¿Pueden Uds. añadir algunas palabras transicionales para guiar mejor a sus lectores?

Paso 7. Vuelve a escribir tu resumen, incorporando los cambios discutidos anteriormente. Luego, entrégale el resumen a tu profesor(a).

CAPÍTULO **nueve**

DECISIONES

EL VÍDEO

Actividad A. Tonos emotivos

Paso 1. En este episodio se nota que hay un poco de tensión entre Raquel y Lucía. Escucha los siguientes fragmentos del encuentro y empareja cada uno con una de las descripciones de la lista a continuación. Puedes escuchar más de una vez, si quieres.

a. acusatorio   c. cordial   e. lleno de disculpas
b. animador   d. defensivo   f. triste

1. ____   2. ____   3. ____   4. ____   5. ____   6. ____

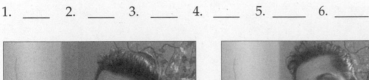

Paso 2. Comprueba tus respuestas con un compañero / una compañera de clase o consulta la clave de respuestas del Apéndice 2. Luego, escucha el principio del encuentro entre las dos abogadas y describe por qué Lucía y Raquel se expresan con esos tonos emotivos. Puedes usar las palabras de la lista del Paso 1.

1. (Lucía) _____

_____

2. (Raquel) _____

_____

Paso 3. (Optativo) Compara tus descripciones con las de un compañero / una compañera de clase. ¿Están Uds. de acuerdo con respecto a los motivos de Lucía y Raquel? ¿Por qué sí o por qué no?

Actividad B. ¿Cuánto recuerdas?

Paso 1. ¿Cuánto recuerdas del Episodio 9? Lee las siguientes descripciones e indica el nombre del personaje a quien se refiere cada una. **¡OJO!** El nombre de uno de los personajes se usa más de una vez.

Ángela, Raquel, tía Olga, tío Jaime, doña Carmen

1. _____ Es muy inquisitiva, ansiosa y desconfiada.

2. _____ Quiere saber si Raquel trae algún documento y recuerda a Ángela que debe llamar a su abuela.

3. _____ Se siente frustrada a causa de un pariente dominante.

4. _____ Su opinión es muy respetada en la familia Soto.

5. _____ Quiere que Ángela vaya a México a conocer a don Fernando.

6. _____ Quiere que Ángela y Raquel la visiten en San Germán.

Paso 2. Ahora, lee la siguiente lista y escucha el fragmento del encuentro de Raquel con los tíos de Ángela. Luego, indica la información que los tíos le piden y/o cuestionan a Raquel.

1. _____ ¿Por qué Ángel nunca mencionó a su familia?

2. _____ ¿Qué documento(s) trae Raquel?

3. _____ ¿Dónde vive la familia Castillo?

4. _____ ¿Por qué no vino don Fernando a Puerto Rico?

5. _____ ¿Qué tipo de negocios tiene don Fernando?

6. _____ ¿De qué se tratan las noticias de Raquel?

Paso 3. Comprueba tus respuestas con un compañero / una compañera de clase o consulta la clave de respuestas del Apéndice 2.

Actividad C. Doña Carmen

Paso 1. ¿Qué sabes de doña Carmen, la abuela de Ángela? Lee las siguientes oraciones e indica las que describen a doña Carmen.

1. _____ Tenía relaciones muy estrechas con su yerno.

2. _____ No se llevaba muy bien con el padre de Ángela.

3. _____ Vive cerca de San Juan.

4. _____ Parece ser comprensiva.

5. _____ Quiere conocer a Raquel.

6. _____ Su opinión no vale mucho en la vida de su familia.

Paso 2. Ahora, completa las siguientes oraciones con la palabra o frase más apropiada.

1. Raquel y Ángela irán a visitar a doña Carmen _____.

   a. esta tarde   b. mañana   c. en unos días   d. con Olga

2. Doña Carmen vive en _____.

   a. San Juan   b. Ponce   c. Mayagüez   d. San Germán

3. Esa ciudad está _____.

   a. al suroeste de la isla   c. cerca de San Juan
   b. al este de San Juan   d. al norte de la isla

4. Ángel era como el _____ de doña Carmen.

   a. hijastro   b. yerno difícil   c. primer hijo   d. hijo predilecto

Paso 3. Comprueba tus respuestas con un compañero / una compañera de clase o consulta la clave de respuestas del Apéndice 2.

VOCABULARIO DEL TEMA

Actividad A. Observaciones

Paso 1. Completa cada una de las siguientes oraciones con la palabra más apropiada de la lista a continuación. No debes repetir palabras de la lista.

> capacitada, desconfiaba, exigente, persuadir, reconforta

1. Tía Olga _____ de los motivos de Raquel y en la historia de don Fernando. Por eso le preguntó a Raquel por qué no vino don Fernando.

2. La investigación de Raquel es muy _____ : requiere de ella mucha paciencia, dedicación y tiempo.

3. Lucía es una abogada muy _____. Por eso Raquel no se enoja cuando le hace preguntas difíciles.

4. Lucía _____ a Raquel cuando se da cuenta de que ésta está triste.

5. Ángela quiere ir a México pero primero tiene que _____ a sus tíos.

Paso 2. Comprueba tus respuestas con un compañero / una compañera de clase o consulta la clave de respuestas del Apéndice 2. Luego, escoge a uno/a de los tíos y haz una breve descripción de él/ella con palabras del Vocabulario del tema en el Capítulo 9 del libro de texto.

_____

_____

_____

Actividad B. Asociaciones

Paso 1. Escucha las siguientes selecciones y describe cada una con dos palabras de la lista. No debes repetir palabras de la lista. Puedes escuchar más de una vez, si quieres.

> amenazar, angustiado/a, astuto/a, desesperarse, elegir, tenaz

1. _____   _____

2. _____   _____

3. _____   _____

Paso 2. Comprueba tus respuestas en la clave de respuestas del Apéndice 2. Luego, describe cada selección que oíste con tus propias palabras. Usa por lo menos una de las palabras de la lista del Paso 1 en cada descripción. Puedes volver a escuchar las selecciones si quieres.

1. _____

   _____

2. _____

   _____

3. _____

   _____

Paso 3. (Optativo) Compara tus descripciones con las de un compañero / una compañera de clase. Entre los/las dos, ¿usaron Uds. todas las palabras de la lista? ¿Pueden colaborar para escribir otras oraciones con las palabras que no usaron?

Actividad C. Rompecabezas (*Puzzle*)

Paso 1. Lee las siguientes palabras o expresiones y escribe un sinónimo para cada una en los espacios que siguen.

1. indulgente; tolerante

   ☐☐☐☐☐☐☐☐○○

2. atento, vigilante

   ☐☐○☐☐☐☐☐

3. abandonado, solo

   ☐☐☐○☐☐☐☐☐

4. ignorante, tonta

   ☐☐☐☐○

5. que tiene conocimiento profundo

   ☐○☐☐☐

6. que pide demasiado

   ☐☐☐○☐☐☐

7. escoger

   ☐○☐☐☐☐

Paso 2. Ahora, pon las letras en los círculos en el orden apropiado para formar el nombre conocido dentro de la historia de *Nuevos Destinos*.

_____

Paso 3. Comprueba tus respuestas con un compañero / una compañera de clase o consulta la clave de respuestas del Apéndice 2.

MI CUADERNO

Sergio sugiere...

Paso 1. Imagínate que eres columnista para un periódico de la ciudad. En tu columna («Sergio sugiere... »), contestas cartas que recibes de tus lectores, aconsejándoles sobre sus problemas y las decisiones que deben tomar. Lee la siguiente carta que recibiste esta semana.

Querido Sergio:

Soy una mujer casada con tres hijos pequeños. Mi esposo y yo nunca hemos tenido grandes problemas, y nos queremos mucho, pero últimamente nos hemos enfrentado con una situación bastante difícil. Hace casi un año ya y después de más de treinta años de casados, mis suegros se divorciaron. Mi suegra pidió el divorcio, y al principio mi suegro se sentía totalmente desamparado. Vino a vivir con nosotros, y nos ayudaba bastante con los hijos. Pero después de reunirse una noche con un amigo para desahogarse y jugar al billar,[a] mi suegro empezó a salir a los bares cuatro o cinco veces

[a]*billiards*

por semana. Sale para conocer a mujeres, jugar al billar y beber. ¡Lo peor es que a veces trae a las mujeres a mi casa! Mi esposo no quiere decirle nada porque no quiere faltarle el respeto, pero en mi opinión, alguien tiene que confrontarle porque su comportamiento es muy desconsiderado.

Estoy totalmente angustiada. ¿Qué debo hacer?

Angustiosamente,
Nuera nerviosa

Paso 2. Ahora, contesta la carta y aconséjale a la nuera sobre lo que tú crees que ella debe hacer.

Querida Nuera nerviosa:

_____

_____

_____

_____

_____

_____

_____

_____

_____

_____

_____

_____

Sinceramente,
Sergio

Paso 3. (Optativo) Compara tu carta con la de un compañero / una compañera de clase. ¿Le dieron Uds. a la nuera consejos semejantes o diferentes? Comenten sus puntos de vista.

PARA COMENTAR

Paso 1. Lee el siguiente fragmento de un folleto de «Aula 97», un programa educativo especial patrocinado por (*sponsored by*) el Ministerio de Educación y Cultura de España.

ELEGIR LOS ESTUDIOS CON MEJOR FUTURO

A menudo los estudiantes de educación secundaria, los universitarios, sus profesores y los padres se quejan de lo difícil que resulta obtener toda la información sobre carreras universitarias y sus salidas, cursos de postgrado o de idiomas, enseñanzas en el extranjero o en general cualquier cuestión relacionada con la educación. Aunar[a] toda esta información en un único espacio es la misión de AULA. Antes los alumnos tenían que dar muchas vueltas para informarse de todas las alternativas educacionales existentes. Ahora AULA las canaliza[b] todas.

La mejor ayuda para los alumnos que tienen que elegir una salida profesional para su vida

AULA '97
12 AL 16 DE MARZO DE 1997

UNA VISITA RECOMENDABLE

Recorrer los pasillos de AULA recopilando[c] información y dejándose asesorar[d] por expertos en cada materia es aconsejable sobre todo para los alumnos que están a punto de finalizar una etapa[e] formativa, ya sea la educación secundaria, el bachiller,[f] la formación profesional o la universidad. Alumnos que están en un momento de su formación que requiere la toma de decisiones.

[a]Unir   [b]gathers   [c]compiling   [d]aconsejar   [e]stage, period   [f]U.S. equivalent of junior college

Paso 2. Lee las siguientes preguntas y escoge la respuesta más apropiada para cada una. **¡OJO!** A veces hay más de una respuesta posible.

1. ¿Qué es «Aula 97»?
   a. una universidad
   b. una serie de conferencias
   c. una feria educativa y profesional
   d. una clase

2. ¿A quién está dirigida?
   a. a estudiantes de primaria
   b. a estudiantes en transición
   c. a los padres
   d. a los expertos

3. ¿Qué se ofrece?
   a. información sobre carreras
   b. empleo
   c. la ayuda de expertos en varias carreras
   d. clases de verano

4. ¿Cómo funciona?
   a. ofrece matrícula para todas la clases en un sólo pasillo
   b. ofrece solicitudes y entrevistas para trabajo
   c. informa sobre opciones educativas y carreras
   d. ofrece consejos profesionales para determinar cuáles son los campos preferibles

5. ¿Qué crees que es su lema (*slogan*)?
   a. Una clase entre mil para el siglo XXI
   b. Orientado a los futuros profesionales del siglo XXI
   c. Clases de primavera del 1997
   d. Una feria de marzo para alumnos y profesionales

Paso 3. Comprueba tus respuestas con un compañero / una compañera de clase o consulta la clave de respuestas del Apéndice 2.

En esta sección tienes la oportunidad de comunicarle a tu profesor(a) lo que piensas: tus comentarios, ideas y opiniones. En el Apéndice 1, al fin de este Manual, hay una hoja de papel que puedes usar para establecer el diálogo entre tu profesor(a) y tú.

EXPLOREMOS LA LENGUA

La voz pasiva con se

La voz pasiva cambia el enfoque de una acción del agente (el sujeto) al receptor (el complemento directo). La estructura con el **se** pasivo sólo se puede formar con verbos transitivos (verbos que pueden ir acompañados de un complemento directo) y éstos se conjugan en la tercera persona (singular o plural). El pronombre **se** precede el verbo y el verbo concuerda con el complemento directo. El agente es impersonal y, por consiguiente, no se expresa.

> **Se necesita** más información.
> **Se mandaron** las copias ayer.

Si el complemento directo es una persona específica o un grupo específico de personas, el verbo siempre se conjuga en la tercera persona singular y la preposición **a** precede el complemento directo.

> **Se eligió al** Sr. Fernández.
> **Se investigará a** todos los miembros de la familia Castillo.

Actividad A. Dos investigaciones

Paso 1. Expresa las siguientes oraciones con la voz pasiva con **se**.

1. Raquel hizo cinco viajes en un mes.

    _____

2. Raquel encontró los certificados de nacimiento.

    _____

3. Raquel halló (*found*) al hermano de Ángel.

    _____

4. Lucía leyó varios documentos del gobierno.

    _____

5. Lucía y Raquel comentaron la historia por horas.

    _____

6. Lucía y Raquel sospecharon de Olga.

    _____

7. Lucía investigó el codicilo.

    _____

Nombre_____ Fecha _____ Clase _____

Paso 2. Comprueba tus respuestas con un compañero / una compañera de clase o consulta la clave de respuestas del Apéndice 2.

Actividad B. Los consejos de Lucía

Paso 1. Lee el consejo que Lucía le ofrece a Raquel cuando descubre que ésta está triste. Primero, indica los verbos transitivos.

LUCÍA: ...Yo creo que en todas las situaciones, por muy terribles que sean, siempre tenemos opciones. El caso es considerar las opciones y elegir la mejor.

Paso 2. Ahora, expresa el consejo de Lucía usando el **se** pasivo donde puedas.

_____

_____

_____

_____

_____

Paso 3. Comprueba tu respuesta con un compañero / una compañera de clase o consulta la clave de respuestas del Apéndice 2.

PARA ESCRIBIR MEJOR

El diccionario

El diccionario es una fuente de información muy importante y útil. No sólo puedes averiguar el significado de una palabra, sino que también información sobre la pronunciación, la ortografía y la etimología de las palabras. Como estudiante de español, debes usar dos tipos de diccionarios: un diccionario de la lengua española y un diccionario español-inglés.

Hasta ahora habrás usado más el diccionario español-inglés. Cuando lo usas, puedes emplear varias técnicas para acertar en tu selección de una palabra. Primero, si buscas la traducción de una palabra del inglés al español, debes apuntar todas las definiciones en español que encuentras. Por lo general, un buen diccionario ofrece contextos y ejemplos para guiarte en tu selección. Después de apuntar todas las posibilidades, el próximo paso es buscar cada una de esas palabras del español al inglés. Muchas veces este proceso te puede revelar diferencias sutiles en las palabras.

El diccionario español te puede ayudar aun más a refinar tus selecciones. Una definición en español te revela con más exactitud el significado y las connotaciones de la palabra que quieres emplear.

 Y POR FIN

Un folleto para la comunidad

¿Cuáles son algunos de los problemas con los cuales se enfrentan tú y tu comunidad? ¿Tienes algunas sugerencias para combatir esos problemas? Pues, ¡manos a la obra (*get to work*)!

Paso 1. En esta sección, vas a escribir dos párrafos de un folleto informándoles a los lectores de algunos problemas en tu comunidad y las posibles soluciones. Escoge un tema que te interese y haz una lista de ideas o un mapa semántico.

Paso 2. Organiza tus ideas en un bosquejo. Luego, escribe los dos párrafos. Si es del todo posible, trata de incluir el **se** pasivo en tu folleto.

Paso 3. Intercambia tu folleto con el de un compañero / una compañera de clase. Mientras lees su folleto, señala los errores gramaticales, especialmente con respecto al uso del **se** pasivo.

Paso 4. Colaborando con tu compañero/a, traten de eliminar los errores que se señalaron en el Paso 3. ¿Pueden Uds. señalar palabras que no tienen el significado deseado? Si contestan que sí, busquen alternativas en el diccionario.

Paso 5. Vuelve a escribir tu folleto, incorporando los cambios discutidos anteriormente. Luego, entrégale el folleto a tu profesor(a).

CAPÍTULO **diez**

PAPELES

EL VÍDEO

Actividad A. ¿En qué orden?

En este episodio Raquel le describió a Lucía sus experiencias en Puerto Rico. Pero, ¿en qué orden ocurrieron? Vuelve a escuchar algunos fragmentos de la discusión entre las dos mujeres. Mientras los escuchas, apunta lo que hizo Raquel. Luego, usa números para indicar el orden apropiado de sus experiencias. Comprueba tus ideas con un compañero / una compañera o consulta la clave de respuestas del Apéndice 2.

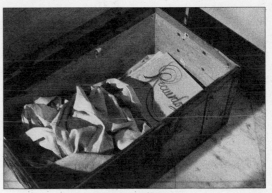

ORDEN	APUNTES
1. ____	_____
2. ____	_____
3. ____	_____
4. ____	_____
5. ____	_____
6. ____	_____

Actividad B. Entre Raquel y Lucía

Con la información que averiguaste de las conversaciones entre Raquel y Lucía en este episodio, empareja cada frase con su terminación más lógica. Luego, compara tus respuestas con las de un compañero / una compañera o consulta la clave de respuestas del Apéndice 2.

1. _____ Cuando Lucía le pregunta a Raquel el significado de la expresión «sabía llevar a Ángela», Raquel contesta que...

2. _____ Raquel admite que fue difícil convencerle a don Fernando de que Ángela y Roberto eran sus nietos legítimos pero...

3. _____ Raquel le cuenta a Lucía que Arturo había decidido hacer las paces (*to make peace*) con Ángel pero...

4. _____ Lucía sabe que necesita acumular varias pruebas porque...

5. _____ Como Lucía quiere saber de la visita a San Germán, Raquel le explica que...

6. _____ Raquel comenta que, gracias a Dios, Ángela...

a. decidió divorciarse de Jorge justo antes de la muerte de su abuela.

b. había acumulado varias pruebas, como el certificado de nacimiento de Ángel y una foto de la tumba de él.

c. la abuela puede influir más en las decisiones de su nieta, quien es impulsiva y que se deja llevar por sus emociones sin pensar las cosas con cuidado.

d. Ángela y su prima decidieron llevarla a visitar a la abuela de Ángela.

e. tendrá que usarlas en defensa de La Gavia.

f. descubrió que su hermano se había muerto y que ahora tenía dos sobrinos.

Actividad C. ¿Qué recuerdas del episodio?

Además de la información que usaste en las Actividades A y B en este episodio se presentó más información. Pero, ¿sabes qué información se presentó? Lee las siguientes oraciones. Luego, indica si la información se incluyó en este episodio o no. Si contestas negativamente, corrige la oración explicando por qué la información incluida no es cierta. Comprueba tus respuestas con un compañero / una compañera o consulta la clave de respuestas del Apéndice 2.

1. Raquel le dice a Arturo que pudo hablar con la esposa de Ángel.

   Sí   No   _____

2. En «Recuerdos», Ángel no menciona a su familia.

   Sí   No   _____

3. Doña Carmen ofrece su opinión sobre el novio de su nieta.

   Sí   No   _____

4. Raquel le dice a Ángela que su padre no tenía confianza en su familia puertorriqueña. Por eso no les dijo nada de su pasado.

   Sí   No   _____

5. La abuela de Ángela no quiere que su nieta vaya a México a conocer a su abuelo.

    Sí   No   _____

6. Jorge trata de formar unas relaciones más íntimas con Raquel.

    Sí   No   _____

VOCABULARIO DEL TEMA

Actividad A. Definiciones

Empareja cada papel familiar con la descripción más apropiada. **¡OJO!** Hay una descripción extra. Luego, comprueba tus respuestas con un compañero / una compañera o consulta la clave de respuestas del Apéndice 2.

1. _____ el/la chismoso/a
2. _____ el/la organizador(a)
3. _____ el/la consejero/a
4. _____ el/la rebelde
5. _____ el/la introvertido/a
6. _____ el/la instigador(a)
7. _____ cl/la gracioso/a

a. Mantiene sus posesiones y asuntos muy en orden.

b. Es una persona callada que no habla mucho con otros.

c. Se preocupa por todo.

d. Anda contando chistes e historias cómicas.

e. Provoca discusiones y confrontaciones.

f. Repite historias e información sin discreción.

g. Ofrece soluciones a problemas.

h. No responde a las expectativas familiares.

Actividad B. ¿Quién es?

Paso 1. Escucha la cinta y escribe el nombre del papel familiar que se describe. Si es necesario, consulta la lista de Vocabulario del tema en tu libro de texto. Confirma tus respuestas con la clave de respuestas del Apéndice 2.

1. _____
2. _____
3. _____
4. _____
5. _____

Paso 2. Ahora escribe algunos adjetivos que describan a los papeles familiares que apuntaste en el Paso 1.

   MODELO: el consejero → comprensivo, paciente, cariñoso,...

1. _____

2. _____

3. _____

4. _____

5. _____

Actividad C. ¿A quién se describe?

 Mira la siguiente lista de algunos de los personajes de *Nuevos Destinos* y escucha unas descripciones de ellos en la cinta. Luego escribe el nombre del personaje que más corresponde a cada descripción. Confirma tus respuestas con la clave de respuestas del Apéndice 2.

Ángela

doña Carmen

Raquel

tía Olga

Arturo

Jorge

Roberto   Ángel

1. _____

2. _____

3. _____

4. _____

5. _____

6. _____

7. _____

8. _____

✒ MI CUADERNO

Y tú, ¿qué opinas?

Paso 1. Escucha lo que le dice Raquel a Lucía sobre la tía Olga y Jorge y su posible papel en la disputa sobre el testamento de don Fernando.

Paso 2. Según Raquel, ¿cuál de los personajes tendrá algo que ver con la disputa? ¿Por qué? Y tú, ¿estás de acuerdo con ella? Escríbele una carta a Raquel en la cual le explicas tu opinión sobre la persona responsable de la disputa del testamento. ¿Es Olga, es Jorge o es otro personaje quizás? Defiende tu opinión con información que averiguaste sobre los personajes a través de los episodios de *Nuevos Destinos.*

Estimada Raquel,

_____

_____

_____

_____

_____

_____

_____

_____

                                        Atentamente,

                          _____

PARA COMENTAR

Paso 1. Lee el recorte de la próxima página de una revista hispánica publicada en los Estados Unidos. Contiene recomendaciones sobre el proceso de enseñarle a un niño a usar el teléfono.

Paso 2. Ahora indica si las sugerencias a continuación se recomiendan para un niño de menos de cuatro años o para un niño de más de cinco años, según el recorte.

      a.   menos de cuatro años
      b.   más de cinco años

1. _____ Memoriza cómo te llamas y dónde vives.

2. _____ Cubre a la persona pero no la muevas.

3. _____ Aprende a reconocer una emergencia médica.

4. _____ Practica el proceso de llamar al operador / a la operadora.

5. _____ Comunícate con un pariente o amigo después de llamar al servicio de emergencia local.

ENSEÑANDO A LOS NIÑOS A USAR EL TELEFONO

No menosprecies la inteligencia de los niños. Si algún día te pones mal de repente, y no hay nadie más en casa, es importante que ellos sepan qué es lo que deben hacer, a quién deben llamar y cómo hacerlo.

▼ Para niños de menos de 4 años:

Dile que si algún día alguien de la familia no se mueve o no puede hablar, eso significa que necesita atención médica. Ayúdalo a memorizar el teléfono de emergencia local o grábalo en la memoria de tu teléfono y enséñale cómo activarla. Haz que aprenda a decir su nombre y su dirección.

☞ Dile que la operadora es su amiga y que estarás muy contenta si él contesta a las preguntas que le haga. Podrías hacer una llamada de ensayo.[a] Si la operadora es comprensiva tal vez se preste a colaborar con ustedes. Si no es así, llama a algún familiar o amigo y pídele que simule ser el operador para que el niño practique y se familiarice con la situación.

▼ Niños de más de 5 años.

☞ Dile que lo que debe hacer es estar tranquilo y llamar al servicio de emergencia local y luego a un vecino de confianza o a un familiar cercano.

☞ Indícale que debe cubrir inmediatamente a la persona afectada con una frazada,[b] para evitar que entre en shock. Que debe permanecer tranquilo, sin tratar de moverla o de ayudarla, porque ya ha ayudado bastante.

[a]de... *practice*   [b]*blanket*

 ENTRE UD. Y YO

En esta sección tienes la oportunidad de comunicarle a tu profesor(a) lo que piensas: tus comentarios, ideas y opiniones. En el Apéndice 1, al fin de este Manual, hay una hoja de papel que puedes usar para establecer el diálogo entre tu profesor(a) y tú.

El pretérito perfecto y el pluscuamperfecto

- El uso del pretérito perfecto indica que una acción ya terminada en el pasado aún es pertinente en el presente.

    Ya **hemos comentado** la influencia árabe en España.
    He buscado mis llaves por todas partes, pero todavía no las puedo encontrar.

- El uso del pluscuamperfecto describe una acción que terminó antes de la terminación de otra.

    Los niños ya **habían roto** la ventana cuando su padre llegó a casa.

- Los pronombres reflexivos y de complemento directo e indirecto siempre preceden la forma de **haber** en estos dos tiempos verbales.

    ¡Nunca **me he despertado** tan temprano como hoy!
    ¿No recuerdas que **me lo habías contado** antes?

Actividad A. ¿Qué han hecho?

Paso 1. ¿Cuáles son algunas de las actividades que han hecho las siguientes personas? Completa cada oración con el pretérito perfecto de los verbos entre paréntesis. Luego indica si esas personas han hecho o no cada actividad.

Sí No 1. Yo _____ (ver) la obra de teatro *Cats*.

Sí No 2. Mis padres (hijos) _____ (ir) de compras en Nueva York.

Sí No 3. Mi vecina _____ (hacer) un viaje a Europa.

Sí No 4. Mi mejor amigo/a _____ (comer) pulpo (*octopus*).

Sí No 5. El profesor / La profesora de español _____ (escribir) un libro.

Sí No 6. Mis compañeros de clase y yo _____ (leer) novelas en español.

Sí No 7. Mi novio/a (esposo/a, pareja, mejor amigo/a) _____ (trabajar) en otro estado.

Paso 2. Y tú, ¿qué has hecho últimamente? Escribe cuatro oraciones que describan algunas actividades que has hecho hoy.

1. _____

2. _____

3. _____

4. _____

Actividad B. Preparativos

Paso 1. Es importante hacer planes o tomar decisiones antes de realizar ciertas experiencias, ¿no? ¿Qué preparativos habían hecho las siguientes personas antes de cumplir las acciones mencionadas? Completa cada oración con la forma apropiada del pluscuamperfecto de los verbos entre paréntesis.

1. Antes de comprar un coche, Ignacio _____ (probar) varios modelos.

2. Antes de casarse, los jóvenes _____ (hacer) muchísimos planes para la boda.

3. Antes de matricularme en esta universidad, _____ (graduarse) en la escuela secundaria.

4. Antes de ir a la escuela por primera vez, algunos de nosotros ya _____ (aprender) a leer.

5. Antes de su boda, Marisol _____ (ir) a la peluquería.

6. Antes de dar la fiesta, tú _____ (ponerse) un vestido muy elegante.

Paso 2. ¿Y tú? ¿Qué tipos de preparativos habías hecho antes de empezar este año/semestre/trimestre escolar? Escribe cuatro oraciones que indiquen cómo te preparó para ésta y las otras clases que tienes.

1. _____
2. _____
3. _____
4. _____

PARA ESCRIBIR MEJOR

Empleando sinónimos y antónimos

Además de consultar un buen diccionario para averiguar el significado, la pronunciación, la ortografía y la etimología de una palabra, otra fuente de información que servirá para mejorar la calidad de tus composiciones es un diccionario de sinónimos y antónimos (*thesaurus*). Éste te puede proveer una lista de sinónimos y antónimos para la palabra que buscas. De esta manera, puedes ampliar tu conocimiento del vocabulario español y evitar la repetición de palabras o frases, lo que puede dañar la precisión de tu composición.

Por ejemplo, cuando buscas la palabra **hablar** en un diccionario de sinónimos y antónimos, puedes encontrar los sinónimos **conversar, decir, expresar, parlar** y **tratar** y el antónimo **callar**. ¿Cuál de estas palabras lleva el sentido deseado de **hablar**? Si todavía no sabes, la solución más fácil es consultar con un diccionario general para confirmar que el término puede funcionar en el contexto que estás desarrollando.

Y POR FIN

La importancia de las experiencias

Paso 1. A lo largo de esta lección, has ido explorando las diferentes características y papeles que componen la dinámica familiar. Pero, ¿pueden las experiencias afectar cómo es una persona y, por consecuencia, el papel que desempeña dentro de su familia? Para contestar esta pregunta, vas a centrarte en tres generaciones de tu familia: un abuelo / una abuela, tu padre/madre y tú mismo/a. Empieza tu composición con una breve descripción de cada persona, indicando las características de su personalidad y el papel que desempeña dentro de tu familia. Si te conviene, puedes referirte a la información que desarrollaste para la composición en el Capítulo 10 del libro de texto.

Paso 2. Ahora compara tus experiencias hasta ahora con las de tus parientes cuando tenían la misma edad que tú tienes ahora. Entrevista a tus parientes para confirmar esta información, si es necesario. ¿Qué has hecho en tu vida que también habían hecho ellos? ¿Qué experiencias no tienen Uds. en común?

Paso 3. Vuelve a la descripción de cada persona que preparaste en el Paso 1. ¿Hay alguna conexión entre las experiencias, la personalidad y el papel que desempeña cada persona descrita dentro de la familia? Escribe tus conclusiones con respecto al tema, utilizando ejemplos pertinentes para apoyar o rechazar la conexión entre las experiencias y los papeles familiares.

Paso 4. Intercambia tu composición con la de un compañero / un compañera. Mientras lees su composición, busca y subraya repeticiones de palabras o frases que reflejan una falta de precisión de vocabulario.

Paso 5. Colaborando con tu compañero/a, y con la ayuda de un diccionario de sinónimos y antónimos, intenta eliminar las repeticiones o imprecisiones de vocabulario que se señalaron en el Paso 4. ¿Pueden Uds. hacer que las composiciones sean más precisas?

Paso 6. Vuelve a escribir tu composición, incorporando los cambios discutidos anteriormente. Luego, entrégale la composición a tu profesor(a).

CAPÍTULO **once**

ENTRE HERMANOS

EL VÍDEO

Actividad A. Raquel recuerda

Paso 1. En este episodio, Raquel le describe a Lucía las experiencias que ella y Ángela tuvieron en México. ¿Qué recuerdas tú de esas experiencias? Complete las siguientes oraciones sobre el Episodio 11.

1. Cuando Ángela y Raquel llegaron a México, alquilaron

   _____ y fueron manejando directamente al

   _____.

2. Al día siguiente todo siguió igual. Todavía no habían sacado a

   _____ de allí.

3. Fue entonces que Ángela y Raquel trataban de _____ de la

   tienda, pero la línea estaba siempre _____. Pero, por suerte,

   Raquel pudo comunicarse con _____ para dejar

   _____ para Arturo.

4. Parecía que hubieran pasado años y años, pero por fin sacaron a

   _____. _____ vino a

   buscar a Ángela y a Raquel y fueron corriendo a la tienda.

5. Poco después metieron a Roberto en _____ y lo llevaron a

   la capital. A la mañana siguiente, Ángela y Raquel salieron para

   _____, esperando que cuando llegaran

   _____, Roberto ya estuviera

   _____.

Paso 2. Comprueba tus respuestas en la clave de respuestas del Apéndice 2. Luego, escribe una lista enumerada de lo que les pasó a Raquel y a Ángela en México. Puedes partir de la información en las oraciones del Paso 1, pero debes añadir más detalles.

_____

_____

_____

_____

_____

_____

_____

_____

Paso 3. (Optativo) Compara tu lista con la de un compañero / una compañera de clase. ¿Pueden Uds. hacer que sus listas sean más completas?

Actividad B. ¿Quién lo hizo?

Paso 1. Raquel le cuenta a Lucía cómo varios personajes hacían un papel importante en los acontecimientos que ocurrieron en este episodio. Lee las siguientes oraciones y empareja cada una con el personaje descrito. **¡OJO!** Unos personajes se describen más de una vez.

> el tío Jaime, el Padre Rodrigo, la recepcionista del hospital, el doctor

1. _____ Confirmó que todos los trabajadores no heridos (*wounded*) en la excavación pasaron por el hospital para ser observados.

2. _____ Explicó que el hermano de Ángela aparentemente estaba bien: respiraba normalmente, no tenía fracturas y la temperatura y la presión eran normales.

3. _____ Les informó a Raquel y a Ángela que sucedió un accidente en la excavación.

4. _____ Le admitió a Ángela que no recordaba a su hermano.

5. _____ Mencionó que le tenía que dar un calmante a Ángela.

6. _____ Le dijo a Ángela que Roberto era una de las personas atrapadas y que tenía que esperar con fe.

Paso 2. Estudia las siguientes fotos del Episodio 11 y describe lo que pasa en cada una.

1.

2.

3.

1. _____

_____

2. _____

_____

3. _____

_____

Paso 3. Comprueba tus respuestas con un compañero / una compañera de clase o consulta la clave de respuestas del Apéndice 2.

Actividad C. El hermano de Lucía

Paso 1. Después de escuchar lo que les pasó a Roberto y a Ángela en el sitio de la excavación, Lucía empieza a contarle a Raquel la historia de su propio hermano. Escucha los siguientes fragmentos en los que Lucía cuenta la historia de su hermano.

Paso 2. Indica si las siguientes oraciones son ciertas (C) o falsas (F) según lo que dice Lucía. Corrige las oraciones falsas. Puedes volver a escuchar los fragmentos, si quieres.

C   F   1.   La madre de Lucía quería que su hermano se fuera de casa.

_____

C   F   2.   La muerte de su padre le provocó una crisis emocional al hermano de Lucía.

_____

C   F   3.   Su hermano volvió a comunicarse con la familia después de algunos días.

_____

C F 4. Lucía dice que su padre murió de una enfermedad grave.

_____

C F 5. Parece que Lucía tiene muchos hermanos.

_____

Paso 3. Ahora lee la siguiente lista de etapas en la vida familiar de Lucía y ponlas en el orden cronológico apropiado.

_____ la crisis emocional del hermano

_____ la niñez de Lucía y su hermano en Toluca

_____ el matrimonio y los hijos del hermano

_____ la mudanza de la familia a California

_____ el accidente y la muerte del padre

_____ la desaparición del hermano

Paso 4. Comprueba el orden en la clave de respuestas del Apéndice 2 y luego escribe un resumen de lo que Lucía le cuenta a Raquel.

_____
_____
_____
_____
_____
_____
_____
_____

Paso 5. (Optativo) Compara tu resumen con el de un compañero / una compañera de clase. ¿Pueden añadir algún detalle a sus resúmenes?

VOCABULARIO DEL TEMA

Actividad A. Fuera de serie

Paso 1. Estudia los siguientes grupos de palabras e indica la palabra o expresión que no pertenece al grupo. Explica por qué no pertenece.

1. mayor, benjamín, medio, acusón

_____

2. discutir, protegerse, pelearse, mofarse

_____

3. ser de fiar, guardar un secreto, tenerle envidia, confiar

_____

4. rivalizar, entenderse, admirar, protegerse

_____

Paso 2. Comprueba tus respuestas en la clave de respuestas del Apéndice 2. Luego, escribe una oración para cada grupo de palabras del Paso 1. Debes usar por lo menos dos de las palabras de cada grupo.

1. _____
2. _____
3. _____
4. _____

Paso 3. (Optativo) Compara tus oraciones con las de un compañero / una compañera de clase. Entre los/las dos, ¿usaron Uds. todas las palabras? Si no, ¿pueden inventar oraciones para las palabras que no usaron?

Actividad B. ¿Qué significa?

Paso 1. Empareja cada una de las siguientes expresiones con la definición apropiada. **¡OJO!** No se usa una de las definiciones.

1. _____ guardar un secreto
2. _____ la acusona
3. _____ mofarse de una persona
4. _____ confiar en
5. _____ el hijo del medio
6. _____ tenerle envidia a alguien
7. _____ llevarse como perros y gatos

a. querer poseer los talentos o las posesiones de otro
b. no divulgarle ningún detalle a nadie
c. tomarle el pelo a alguien; molestar; embromar
d. atacar a otra persona física o verbalmente
e. ser ni el mayor ni el menor de la familia
f. contarle los secretos más íntimos a alguien
g. no entenderse para nada con alguien
h. ser una persona que relata las ofensas de alguien

Paso 2. Comprueba tus respuestas en la clave de respuestas del Apéndice 2. Luego, escribe tres oraciones originales usando las expresiones del Paso 1. Puedes describir situaciones de *Nuevos Destinos*, de tu propia familia o de tu imaginación.

1. _____
2. _____
3. _____

Paso 3. (Optativo) Compara tus oraciones con las de un compañero / una compañera de clase. ¿Pueden Uds. elaborar las situaciones que describieron?

Actividad C. En familia

Paso 1. Escucha la descripción de la familia de Estela. Luego, indica si las oraciones son ciertas (C) o falsas (F) según la narración de Estela. Corrige las oraciones falsas. Puedes escuchar más de una vez, si quieres.

C F 1. Estela es la hija menor de la familia.

      _____

C F 2. Un hermano de Estela le tenía mucha envidia.

      _____

C F 3. Estela rivalizaba mucho con sus hermanos.

      _____

C F 4. El hermano menor de la familia era muy de fiar con los demás.

      _____

C F 5. Estela se llevó bien con el hijo mayor de la familia.

      _____

C F 6. Parece que tenía las relaciones más íntimas con el hermano menor de la familia.

      _____

Paso 2. Vuelve a escuchar la narración de Estela para emparejar cada una de las siguientes palabras con uno de los hermanos. Algunas palabras de la lista se derivan de palabras del Vocabulario del tema.

        acusón, del medio, envidioso, mayor, menor, mofador

ALBERTO: _____

PATRICIO: _____

DAVID: _____

Paso 3. Comprueba tus respuestas del Paso 1 y del Paso 2 con un compañero / una compañera de clase o consulta la clave de respuestas del Apéndice 2. Luego, usa el Vocabulario del tema del Capítulo 11 del libro de texto para describir con tus propias palabras a uno de los hermanos.

_____

_____

MI CUADERNO

La reunión

Al final de este episodio, Raquel le cuenta a Lucía que llevaron a Roberto en helicóptero al hospital y que ella y Ángela salieron hacia la capital para verlo allí. ¿Cómo será la reunión en el hospital entre Ángela y Roberto? ¿De qué hablarán? ¿Qué dirá Roberto de su experiencia? ¿Qué le dirá Ángela de su ansiedad y de las noticias que trajo Raquel? Imagínate que fuiste testigo (*witness*) de la reunión —eres quizás un enfermero / una enfermera o un asistente médico / una asistente médica— y escribe uno o dos párrafos para describir lo que viste y oíste. A lo mejor no sabías que Ángela y Roberto son hermanos. ¿Cómo te enteras del parentesco entre ellos? ¿Cómo determinas quién es Raquel y cómo reaccionas ante las noticias que ella trae?

_____

_____

_____

_____

_____

_____

_____

_____

_____

_____

_____

PARA COMENTAR

Paso 1. El siguiente artículo es de la edición hispánica de una revista norteamericana. Lee el título del artículo. ¿De qué se tratará? ¿Qué sabes tú del tema?

Los *chips* MMX están aquí; las herramientas[a] para usarlos, no

HILLSBORO. OR.— Intel lanzó una gran campaña publicitaria para su tecnología MMX durante el Súper Tazón.[b] Ahora resulta difícil comprar una nueva PC de escritorio construida con base en un microprocesador Intel que no tenga integrada esa tecnología.

La característica básica de MMX es que añade 57 instrucciones nuevas a los comandos Pentium que aceleran audio. video y procesamiento[c] de gráficas en 3D.

Con excepción de un aumento en velocidad de 10 a 20%[d] que viene del *cache* más grande. los usuarios[e] no han visto los mayores beneficios debido a que[f] los programas deben estar escritos específicamente para procesadores MMX y aprovechar[g] las nuevas instrucciones multimedia.

A pesar de que algunos diseñadores de programas[h] están traba-

Hay poca alegría entre los programadores obligados a escribir código MMX en lenguaje para ensamblado.

jando para incluir algún código específico para MMX en sus nuevos lanzamientos.[i] los obstaculiza el hecho de que deben escribir en "lenguaje para ensamblado".[j] Los recopiladores[k]—que traducen lenguajes de mayor nivel como el C++ en instrucciones que un microprocesador pueda entender— aún no logran interpretar el MMX.

[a]*tools* [b]Súper... *Super Bowl* [c]*processing* [d]aumento... *10 to 20% speed increase* [e]*users* [f]debido... *due to the fact that* [g]*take advantage of* [h]diseñadores... *program designers* [i]*releases* [j]*assembly* [k]*compilers*

Paso 2. Ahora lee el artículo sobre la tecnología MMX. Luego, indica la respuesta más apropiada para cada una de las preguntas a continuación.

1. ¿Cuál es la función principal de MMX?
   a. proveer nuevas instrucciones para mejorar la velocidad multimedia
   b. reemplazar al chip Pentium
   c. interpretar el lenguaje que usan los diseñadores de programas

2. ¿Cuál es el tema central del artículo?
   a. la gran diferencia de funcionamiento con la tecnología MMX
   b. la dificultad de comprar una computadora con MMX
   c. el desequilibrio entre la sofisticación de la tecnología MMX y el lenguaje que se usa para crear programas para ella

3. ¿Cuándo le presentó Intel esa nueva tecnología al público por primera vez?
   a. durante el campeonato nacional de béisbol
   b. durante el campeonato nacional de baloncesto
   c. durante el campeonato nacional de fútbol americano

4. ¿Cuál de los siguientes datos no se incluyó en el artículo?
   a. la función de la tecnología MMX
   b. el costo adicional de MMX por computadora
   c. la compañía que desarrolló MMX

Paso 3. Compruebra tus respuestas con un compañero / una compañera de clase o consulta la clave de respuestas de Apéndice 2.

ENTRE UD. Y YO

En esta sección tienes la oportunidad de comunicarle a tu profesor(a) lo que piensas: tus comentarios, ideas y opiniones. En el Apéndice 1, al fin de este Manual, hay una hoja de papel que puedes usar para establecer el diálogo entre tu profesor(a) y tú.

EXPLOREMOS LA LENGUA

El subjuntivo en cláusulas nominales

- El subjuntivo es un modo verbal que se usa, por lo general, en cláusulas dependientes. La idea que se expresa es hipotética. La subjetividad se establece en la cláusula principal.

> **Espero** que Roberto **esté** bien.
> El verbo **Espero** de la cláusula principal establece semánticamente la subjetividad, y el verbo de la cláusula dependiente (**esté**) tiene que expresarse en el subjuntivo.
> En la estructura con cláusulas nominales, el verbo o la expresión verbal de la cláusula principal expresa deseo, sugerencia, emoción, duda o negación. ¿Recuerdas los verbos y las expresiones que establecen esta subjetividad? Estudia la siguiente lista. ¿Puedes organizar los verbos y las expresiones por categoría: deseo, sugerencia, emoción, duda, negación? ¿Recuerdas otras expresiones?

aconsejar	es bueno	es necesario	mandar	querer
alegrar	es dudoso	es (im)posible	molestar	recomendar
decir	es estupendo	esperar	negar	sentir
dejar	es increíble	estar triste	no creer	sorprender
desear	es lástima	gustar	ojalá	sugerir
dudar	es mejor	insistir	permitir	tener miedo
			prohibir	

- La subjetividad de la oración se dirige al sujeto de la cláusula dependiente. Este sujeto por lo general no debe ser el mismo que el sujeto de la cláusula principal. Se unen las cláusulas con la conjunción **que.**

> La guardia **prohíbe** que **entren** en el sitio de la excavación.
> El Padre Rodrigo le **dice** a Ángela que **tenga** paciencia.
> El doctor **recomienda** que **esperen** en la tienda.
> Ángela **tiene miedo** de que no **saquen** a Roberto a tiempo.
> **Es increíble** que Roberto no **haya tenido** ninguna fractura.

- El tiempo verbal se establece en la cláusula principal y a través del contexto semántico. Las siguientes secuencias verbales son correctas:

CLÁUSULA PRINCIPAL		CLÁUSULA DEPENDIENTE
pretérito (perfecto) de indicativo futuro (perfecto) imperativo	+	presente de subjuntivo pretérito perfecto de subjuntivo

> **Es importante** que no **se emocione** demasiado.
> **Me alegro** de que me lo **hayan dicho**.
> **Recomendaré** que lo **dejen** descansar.
> **He dudado** que lo **encuentren**.
> **¡Diles** que **vengan** ahora!

CLÁUSULA PRINCIPAL		CLÁUSULA DEPENDIENTE
imperfecto de indicativo pretérito de indicativo pluscuamperfecto de indicativo condicional (perfecto)	+	imperfecto de subjuntivo pluscuamperfecto de subjuntivo

> **Quería** que **nos reuniéramos** otra vez.
> **Habría sido** increíble que **se reunieran**.
> **Aconsejé** que **fueran** directamente a la capital.
> **Dudó** que **hubieran llegado**.

Actividad A. Reacciones y opiniones

Paso 1. Lee las siguientes oraciones e indica tu reacción u opinión a cada una de ellas, usando las expresiones de la lista de Exploremos la lengua u otras que conoces.

MODELO: Muchos estudiantes universitarios consumen grandes cantidades de alcohol. →
Me molesta que muchos estudiantes universitarios consuman grandes cantidades de alcohol.

1. En los Estados Unidos muchas personas discriminan a la gente a base del color de su piel.

   _____

2. Muchos niños prefieren ver la televisión en vez de jugar afuera.

   _____

3. Muchos jóvenes fuman sin preocuparse de las consecuencias físicas.

   _____

4. Las mujeres ganan menos dinero que los hombres para los mismos trabajos.

   _____

5. Todavía existe un gran problema con las drogas en este país.

   _____

6. Muchos políticos se encuentran en escándalos de toda clase.

   _____

7. Todavía no hay curas para enfermedades como el cáncer y el SIDA.

   _____

8. Muchas personas sienten las presiones de una vida muy apresurada sin tiempo para descansar.

   _____

9. No se puede eliminar la pobreza que afecta a miles de personas.

   _____

10. Muchas personas no se preocupan de la contaminación del aire, de la tierra y de las aguas.

    _____

Paso 2. (Optativo) Compara tus ideas y opiniones con las de un compañero / una compañera de clase. Defiendan sus diferencias de opiniones.

Actividad B. Los deseos de la familia

Paso 1. Lee la siguiente lista de decisiones que debe tomar un estudiante típico. Luego, expresa los deseos de los padres de él con respecto a esas decisiones. Usa las expresiones de Exploremos la lengua.

> MODELO: sacar una «A» en su clase de español → Esperamos que saque una «A» en la clase de español.

1. ir a una universidad buena

   _____

2. conocer a algunos amigos responsables

   _____

3. dormir lo suficiente para mantener su salud

   _____

4. ser responsable con sus estudios

   _____

5. escoger una especialización con futuras posibilidades

_____

6. no usar drogas

_____

7. participar en las actividades extracurriculares

_____

8. reconocer la diferencia entre lo bueno y lo malo

_____

Paso 2. (Optativo) Compara tus oraciones con las de un compañero / una compañera de clase. ¿Emplearon Uds. bien el subjuntivo?

PARA ESCRIBIR MEJOR

La crítica de pares

Una de las mejores maneras de redactar el borrador de tu composición es solicitar las reacciones de tus compañeros. Para muchos estudiantes la idea de presentar su composición a otros puede provocarles mucha ansiedad. El siguiente método de intercambio puede ser útil cuando les pides reacciones a tus compañeros sobre tu borrador.

1. Formen grupos pequeños (tres o cuatro estudiantes).
2. Lee el borrador de un compañero / una compañero.
3. En una hoja de papel aparte, apunta tus reacciones objetivas (y no opiniones subjetivas) basadas en las sugerencias que se presentan a continuación. Usa ejemplos específicos. Presenta las reacciones en forma de observación: «Usaste el adjetivo **bueno** cinco veces en tu descripción», no en forma de opinión: «Me irrita mucho tu uso excesivo de la palabra **bueno**».
4. Repite el proceso hasta que leas y comentes el borrador de todos tus compañeros.
5. Entrégales tus observaciones a tus compañeros.

SUGERENCIAS PARA REACCIONAR A UN BORRADOR

1. Información: ¿Incluyó suficiente información en la composición, incluso en la introducción y en la conclusión? ¿Hay ejemplos específicos que apoyen el tema central?
2. Relevancia: ¿Incluyó solamente información pertinente al tema central?
3. Tono: ¿Usa el autor / la autora un tono apropiado para el tema?
4. Organización: ¿Empleó una estructura lógica? ¿Hay una progresión lógica y concreta de ideas?
5. Transición: ¿Hay transiciones apropiadas entre las oraciones y los párrafos?
6. Estilo: ¿Ha considerado los distintos elementos del estilo, como una variedad de la estructura de oraciones y el desarrollo de figuras retóricas (símiles, metáforas, etcétera)?
7. Vocabulario: ¿Es preciso el uso del vocabulario? ¿Se repitió mucho? ¿Es demasiado sencilla o imprecisa la selección de vocabulario?
8. Lenguaje: ¿Hay problemas gramaticales que impiden la comprensión? ¿Se repite algún problema gramatical en especial?

El futuro de la familia norteamericana

Paso 1. Hoy en día se habla mucho de la desintegración de la estructura de la familia norteamericana y de la destrucción de los valores familiares. En esta composición vas a describir tus reacciones frente al estado actual de la familia norteamericana. También vas a indicar tus esperanzas y deseos con respecto al futuro de la familia. Haz dos listas de ideas o dos mapas semánticos para apuntar (1) la evidencia (hechos y ejemplos específicos) de la desintegración de la familia norteamericana y de la destrucción de los valores familiares y (2) los cambios que te gustaría ver en la estructura y los valores de la familia en los próximos veinte años.

Paso 2. Organiza tus ideas en un bosquejo. Luego, desarrolla un párrafo introductorio que presente el tema central y los componentes de ese tema. En el segundo párrafo, presenta las ideas que apuntaste en el Paso 1. En el tercer párrafo, explica tus esperanzas para la familia en el futuro. Repasa las expresiones de Exploremos la lengua para señalar tus reacciones. Concluye con un párrafo que repase el tema central y haz un resumen de tus conclusiones.

Paso 3. Formen grupos de tres o cuatro estudiantes para intercambiar composiciones según el método presentado en Para escribir mejor. Mientras lees las composiciones de tus compañeros, busca y subraya los errores que encuentres, especialmente con respecto al uso del subjuntivo.

Paso 4. Colaborando con tus compañeros, intenten corregir los errores que se señalaron en el Paso 3. ¿Pueden Uds. hacer observaciones generales sobre cada una de las composiciones?

Paso 5. Vuelve a escribir tu composición, incorporando los cambios discutidos anteriormente. Luego, entrégale la composición a tu profesor(a).

CAPÍTULO **doce**
VALORES

EL VÍDEO

Actividad A. Encuentros

Paso 1. En este episodio varios miembros de los dos familias Castillo llegan a conocerse. Lee las siguientes oraciones e indica el orden cronológico apropiado de los acontecimientos descritos.

_____ Raquel confirma que la muchacha que entra corriendo al hospital es Ángela.

_____ Arturo y Pedro hablan por teléfono sobre el accidente que sufrió Roberto.

_____ Al conocer a Roberto, Arturo comenta que tiene la misma sonrisa que su padre, Ángel.

_____ La familia Castillo le pide a Arturo información sobre su madre, Rosario.

_____ Arturo y Pedro se encuentran en el hospital.

_____ La doctora le dice a Arturo que Roberto necesita descansar.

  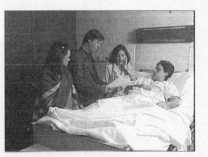

Paso 2. Piensa en los varios encuentros y conversaciones en este episodio. Luego, lee los siguientes fragmentos del Episodio 12 y empareja cada uno con el encuentro más apropiado de la lista.

1. _____ «No hay de qué. Estése tranquilo. No lo despierte. Necesita descansar.»

2. _____ «¡Bueno! Veo que lo encontró antes que yo.»

3. _____ «Yo sé muy poco de vos y de tu hermano Roberto. Tenemos mucho de que hablar.»

4. _____ «Bienvenida a nuestra familia, hijita.»

5. _____ «Bueno, mi madre era una mujer llena de vida, afectuosa. A veces tenía momentos de tristeza y yo no entendía por qué.»

6. _____ «Tenés la misma sonrisa de tu padre, Ángel. ¡De veras! ¡La misma sonrisa!»

7. _____ «Pero si tú no quieres tener una mujer profesionista en tu vida, eso es otro asunto.»

a. Arturo y Ángela

b. Arturo y los Castillo

c. Arturo y la doctora

d. Arturo y Roberto

e. Juan y Pati

f. Pedro y Ángela

g. Pedro y Arturo

Paso 3. Comprueba tus respuestas con un compañero / una compañera de clase o consulta la clave de respuestas del Apéndice 2.

Actividad B. Roberto Castillo Soto

Paso 1. Escucha la conversación entre Arturo y la doctora sobre la condición de Roberto. Luego, indica si las siguientes oraciones son ciertas (C) o falsas (F). Corrige las oraciones falsas. Puedes escuchar más de una vez, si quieres.

C   F   1.   La doctora admite que le tuvieron que dar una inyección a Roberto para controlar el dolor.

_____

C   F   2.   Arturo está muy preocupado por la condición de Roberto.

_____

C   F   3.   La doctora le pregunta a Arturo si es pariente de Roberto.

_____

C   F   4.   La doctora recomienda que Arturo despierte a su sobrino para conocerlo.

_____

C   F   5.   Arturo se entera de que la recuperación de Roberto tardará (*will take*) unos meses.

_____

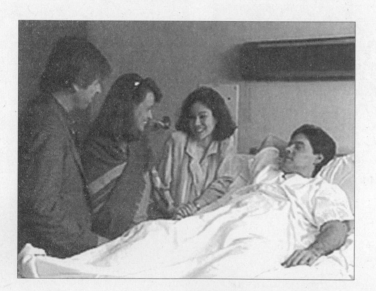

Paso 2. Ahora escucha otro fragmento de este episodio en el que Arturo y Roberto se conocen. Luego, completa las oraciones con las palabras más apropiadas, según el fragmento. Puedes escuchar más de una vez, si quieres.

1.   Arturo conoció a Roberto _____.

2.   Aunque no puede reconciliarse con Ángel, Arturo puede resolver el conflicto con
_____.

3.   Roberto tiene la misma _____ que su padre.

4.   Esa mañana Roberto se comió _____.

5. Arturo trajo algunas cosas de _____ para mostrárselas a sus sobrinos.

Paso 3. Comprueba tus respuestas con un compañero / una compañera de clase o consulta la clave de respuestas del Apéndice 2.

Actividad C. Entre Raquel y Lucía

Paso 1. En este episodio, Raquel y Lucía platican de varios temas. Escucha los fragmentos del episodio e indica los temas de la lista que mencionan las dos abogadas.

1. _____ las tensiones financieras de la familia de Lucía

2. _____ la información contenida en el segundo codicilo

3. _____ la reacción de la familia al conocer a Arturo

4. _____ las relaciones actuales entre Pati y Juan

5. _____ la personalidad de Pedro

6. _____ la incertidumbre (*uncertainty*) de las relaciones entre Raquel y Arturo

Paso 2. Comprueba tus respuestas en la clave de respuestas del Apéndice 2. Luego, explica por qué no hablaron de las dos cosas de la lista que no indicaste. Puedes volver a escuchar los fragmentos, si quieres.

_____

_____

_____

Paso 3. Compara tus explicaciones con las de un compañero / una compañera de clase o consulta la clave de respuestas del Apéndice 2.

VOCABULARIO DEL TEMA

Actividad A. Valores

Paso 1. Indica lo que, en tu opinión, aprecian y valoran los siguientes personajes de *Nuevos Destinos*.

_____ el matrimonio

_____ la familia

_____ los bienes materiales

_____ el servicio público

1. Ángela

_____ la fama

_____ la felicidad

_____ la afiliación religiosa

_____ la familia

2. doña Carmen

_____ la salud

_____ el bienestar

_____ la carrera

_____ el servicio público

3. Arturo

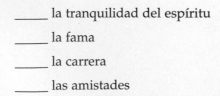

_____ la tranquilidad del espíritu

_____ la fama

_____ la carrera

_____ las amistades

4. don Fernando

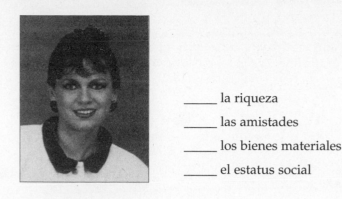

_____ la riqueza

_____ las amistades

_____ los bienes materiales

_____ el estatus social

5. Raquel

Paso 2. Ahora escribe una oración que describe a cada personaje del Paso 1 en relación con los valores que le son importantes.

1. _____

2. _____

3. _____

4. _____

5. _____

Paso 3. (Optativo) Compara tus oraciones con las de un compañero / una compañera de clase. ¿Pueden pensar en ejemplos específicos del vídeo que apoyen sus oraciones?

Actividad B. Lo que más les importa

 Paso 1. Escucha las siguientes narraciones e indica el valor que asocias con cada una de las personas que hablan. Puedes escuchar más de una vez, si quieres.

1. Francisco:	a. el servicio público	b. la felicidad	c. la carrera
2. Laura:	a. el hogar	b. el matrimonio	c. el estatus social
3. Enrique:	a. los bienes materiales	b. la carrera	c. la salud
4. Amalia:	a. la salud	b. la riqueza	c. la familia
5. Ignacio:	a. la afiliación religiosa	b. el matrimonio	c. las amistades

Paso 2. Comprueba tus respuestas en la clave de respuestas del Apéndice 2. Luego, vuelve a escuchar las narraciones y describe con tus propias palabras a cada persona. Trata de usar el Vocabulario del tema del Capítulo 12 del libro de texto.

1. _____

2. _____

3. _____

4. _____

5. _____

Paso 3. (Optativo) Compara tus oraciones con las de un compañero / una compañera de clase. ¿Pueden Uds. compararse a sí mismos/as con las personas que describieron?

Actividad C. Crucigrama

Paso 1. Repasa el Vocabulario del tema del Capítulo 12 en el libro de texto. Luego, lee las siguientes oraciones que corresponden al crucigrama. Llena el crucigrama con las palabras más apropiadas para completar las oraciones. Tendrás que conjugar algunos verbos y determinar el número de los sustantivos. Usa la siguiente lista como guía.

> afiliación religiosa, amistad, apreciar, bienestar, carrera, estatus, estimar, evaluar, fama, familia, felicidad, hogar, importar, influir, matrimonio, riqueza, salud, servicio, tranquilidad de ánimo

HORIZONTALES

2. Hasta ahora, nadie sabe guiar o cambiar la actitud de Federico. Ni sus padres, ni sus maestros, ni sus amigos pueden _____ en él.
4. Siempre sueña con dinero, mansiones, diamantes, oro, coches lujosos... para él, lo más importante es la _____.
6. Los demás te van a _____ a base de tus posesiones y tus acciones.
9. Lola está muy contenta. Quiere mucho a su familia, su trabajo le satisface profesionalmente y tiene pocos, pero muy buenos amigos. Ha logrado la _____ en su vida.

124 *Capítulo doce*

10. No tengo interés en el dinero, los bienes materiales, ni los placeres corporales. Sólo me _____ la vida espiritual.

13. No tenemos ninguna _____ específica. Estudiamos todas las religiones y buscamos la espiritualidad en todo.

16. Mis amigos y yo pasamos mucho tiempo juntos. Me importan mucho las _____.

17. Hemos aprendido que un buen _____ requiere trabajo, paciencia y compasión. Por eso, a pesar de problemas y diferencias, seguimos casados y muy enamorados.

VERTICALES

1. De vez en cuando es necesario separarse del caos de la vida moderna para hacer introspección y buscar la _____.

3. Mi amiga se alejó de todos los que la querían: su familia, sus amigos, su pueblo, para cantar y buscar _____.

5. Es importante _____ a las personas que nos quieren y que dan de sí mismas para hacernos felices.

6. Su hijo la _____ mucho por los sacrificios que ella hizo para que él pudiera estudiar en la universidad.

7. Mis padres se dedicaron a los pobres y a una vida de _____ público.

8. Es importante escoger una _____ que no choque con (*conflicts with*) tu moralidad y tus valores y que te satisfaga personal y económicamente.

9. Lo más importante aquí es la _____: los padres, los hijos y los demás parientes.

11. Si me despiden del trabajo, el _____ económico y emocional de mi familia va a estar en peligro.

12. Cuando la familia se mudó a esa casa, el edificio se convirtió en más que una estructura arquitectónica —llegó a ser un verdadero _____.

14. El ejercicio, la dieta y las vitaminas son importantes para mi _____.

15. Es una pena que ella sacrificara el amor y las amistades para lograr el _____ social.

Paso 2. Comprueba tus respuestas con un compañero / una compañera de clase o consulta la clave de respuestas del Apéndice 2.

✎ MI CUADERNO

Pedro Castillo

En este episodio Raquel y Lucía hicieron varios comentarios sobre Pedro Castillo. Parece que las dos mujeres le tenían un afecto muy especial, ¿no? En esta sección, vas a hacer el papel de un reportero / una reportera que escribe un artículo sobre Pedro. Imagínate que entrevistaste a Lucía y a los varios miembros de la familia Castillo. ¿Qué te dijeron ellos? Escribe uno o dos párrafos que describen a Pedro, según lo que te contaron las personas que entrevistaste. Debes incluir también una descripción de lo que le importaba a Pedro: sus valores y lo que más apreciaba en la vida.

_____

_____

_____

_____

_____

_____

PARA COMENTAR

Paso 1. En el siguiente artículo de una publicación hispánica, se ve cómo hay cada vez más conexiones entre los Estados Unidos y Latinoamérica. Lee el artículo y luego indica si las siguientes oraciones son ciertas (C) o falsas (F). Corrige las oraciones falsas.

Nuevo servicio de AT&T

LA REPÚBLICA DOMINICANA CADA VEZ MÁS CERCA — AT&T ha lanzado al mercado su nueva tarjeta telefónica prepagada AT&T-Quisqueyana. Esta tarjeta nos acerca más y más a la República Dominicana ofreciendo llamadas a este país a unos precios muy asequibles[a] y, lo más importante, con la garantía y tecnología que ofrece AT&T. La tarjeta se ofrecerá exclusivamente a través de los establecimientos Quisqueyana y sus más de 400 agentes. Los presentes durante el lanzamiento[b] de la tarjeta incluyen Reinaldo Pérez, del Departamento de Relaciones Públicas Hispanas de AT&T; Ernesto Armenteros, Presidente de Quisqueyana, Inc.; Ernesto Armenteros Jr., Ejecutivo de Quisqueyana; John Rojo, Gerente[c] del Mercado Hispano de AT&T; y Luis Hernández, Vicecónsul de la República Dominicana.

[a]razonables   [b]promotion   [c]Manager

C   F   1. El tema del artículo es la introducción de una nueva tarjeta que se puede usar para hacer compras.

_____

C   F   2. Se puede obtener la nueva tarjeta AT&T en cualquier tienda o negocio.

_____

C   F   3. Hay que pagar antes de utilizar la nueva tarjeta.

_____

C   F   4. El artículo no menciona nada de las tarifas disponibles con la tarjeta.

_____

C   F   5. Según el estatus de algunas personas presentes, parece que la tarjeta AT&T le interesa al gobierno dominicano.

Paso 2. Comprueba tus respuestas con un compañero / una compañera de clase o consulta la clave de respuestas del Apéndice 2.

✒ ENTRE UD. Y YO

En esta sección tienes la oportunidad de comunicarle a tu profesor(a) lo que piensas: tus comentarios, ideas y opiniones. En el Apéndice 1, al fin de este Manual, hay una hoja de papel que puedes usar para establecer el diálogo entre tu profesor(a) y tú.

EXPLOREMOS LA LENGUA

El subjuntivo con cláusulas adjetivales

Ya sabes que un adjetivo describe un sustantivo o pronombre.

> La Gavia es una hacienda **antigua**.

Otra manera de describir un sustantivo o pronombre es con una cláusula adjetival.

> La Gavia es una hacienda **que ahora sirve como orfanato**.

El verbo en esta cláusula está en el modo indicativo porque describe una hacienda existente. Pero, cuando una cláusula adjetival describe algo o a alguien indefinido o inexistente, el verbo de la cláusula se conjuga en el modo subjuntivo.

> No hay ningún orfanato **que ofrezca el mismo ambiente**.
> ¿Conoces a algún huérfano **que haya vivido en La Gavia**?

Lee las siguientes oraciones para repasar algunas expresiones que pueden indicar un antecedente (el sustantivo descrito por la cláusula) indefinido o inexistente. Recuerda que lo indefinido a menudo se establece con palabras y artículos indefinidos (**un[a]**, **unos/as**, **algo**, **alguien**) y la inexistencia con palabras negativas (**nada, nadie, ningún, ninguna**), pero que el antecedente también se determina por el verbo (**tengo:** definido; **necesito:** indefinido; **hay:** existente; **no hay:** inexistente).

> **No hay nadie** (inexistente) aquí que **sepa** el contenido del segundo codicilo.
> **No hay nada** (inexistente) que nos **guste** más que un buen café por la tarde.
> **No conocía ningún** pariente (inexistente) que **pudiera** estar insatisfecho con la herencia.
> **Buscamos algo** (indefinido) que nos **explique** por qué quieren reclamar La Gavia.
> Quiero la información que **tiene** Ramón (existente) pero también **quiero un** documento (indefinido) que **tenga** más información.
> **¿Hay un** café (indefinido) donde **podamos** hablar tranquilas?

Actividad A. ¿Qué busca?

Paso 1. Empareja los elementos de la columna a la izquierda con las frases más apropiadas de la columna a la derecha. Vas a usar las frases para formar oraciones completas en el Paso 2.

1. _____ Javi busca un vuelo barato que

2. _____ Necesito un médico que

3. _____ Anita quiere una computadora que

4. _____ Rafael asiste a una universidad que

5. _____ Paula busca un mecánico que

6. _____ Paco tiene una esposa que

7. _____ No venden ninguna casa que

   a. ser amable y comprensiva
   b. saber arreglar su Citroën
   c. dar (*to face*) al mar
   d. ofrecer muchas becas (*scholarships*)
   e. tener CD-ROM y acceso al Internet
   f. entender las técnicas más avanzadas
   g. ir directamente de Miami a Buenos Aires

Paso 2. Ahora escribe oraciones completas usando las indicaciones que emparejaste en el Paso 1. No te olvides de usar el subjuntivo para los antecedentes indefinidos o inexistentes. **¡OJO!** Hay algunas oraciones que no requieren el subjuntivo.

1. _____

2. _____

3. _____

4. _____

5. _____

6. _____

7. _____

Paso 3. Comprueba tus respuestas con un compañero / una compañera de clase o consulta la clave de respuestas del Apéndice 2.

Actividad B. Personalmente

Paso 1. Lee las siguientes frases para determinar si el antecedente en cada una es definido, indefinido o inexistente. Luego, termina cada frase de manera original. Utiliza el presente de indicativo o de subjuntivo según sea necesario.

1. Vivo en una casa / un apartamento que _____.

2. Busco un novio / una novia que _____.

3. Conozco a un profesor / una profesora que _____.

4. No tengo ningún amigo / ninguna amiga que _____.

5. Espero seguir una carrera que _____.

6. Tengo una familia que _____.

7. Al graduarme, quiero vivir en una ciudad que _____.

8. Y deseo comprar una casa que _____.

Paso 2. (Optativo) Compara tus oraciones con las de un compañero / una compañera de clase. ¿Pueden Uds. inventar otras oraciones con cláusulas adjetivales?

PARA ESCRIBIR MEJOR

Escribiendo el segundo borrador

En el Capítulo 11 ya aprendiste un método para solicitar reacciones a tu primer borrador y darles reacciones a tus compañeros. En este capítulo vas a practicar el próximo paso en el proceso de redactar tu composición: cómo escribir el segundo borrador. A continuación se ofrecen algunas sugerencias.

1. Empieza con un borrador limpio de tu composición, es decir, sin redacciones (*edits*).
2. Estudia las reacciones que tus compañeros tienen de tu composición. ¿Hay observaciones útiles para mejorar la organización de tus ideas o tu uso de vocabulario o lenguaje?
3. Repasa la lista de sugerencias del Capítulo 11 para redactar un borrador para ver si se te ocurren otros cambios o redacciones para mejorar tu composición.
4. Escribe los cambios que quieres usar en el primer borrador.
5. Vuelve a escribir tu composición incorporando las correcciones.

Y POR FIN

Entre amigos

Paso 1. ¿Qué cualidades buscas en un amigo / una amiga? ¿Buscas a una persona con los mismos valores y gustos que tú, o prefieres ser amigo/a de una persona con una personalidad que contrasta con la tuya? En esta composición, vas a analizar las características que buscas en un amigo / una amiga. Haz una lista o un mapa semántico de las características generales que aprecias en una persona. Considera, por ejemplo, la personalidad, los gustos, los pasatiempos, las cualidades personales, los valores, etcétera. Apunta ejemplos específicos de las características que buscas.

Paso 2. Organiza tus ideas en un bosquejo y escribe el primer borrador. Incluye una introducción que presente el tema central de tu análisis, y una conclusión que lo resume. Trata de incorporar el presente de subjuntivo en cláusulas adjetivales con un antecedente indefinido.

Paso 3. Intercambia tu composición con las de dos o tres compañeros. Utilicen el método del Capítulo 11 para criticarlas. Mientras lees las composiciones de tus compañeros, señala los errores gramaticales, especialmente con respecto al uso del subjuntivo en cláusulas adjetivales.

Paso 4. Colaborando con tus compañeros, intenten eliminar los errores que se señalaron en el Paso 3. ¿Incorporaron Uds. cláusulas adjetivales en sus composiciones? ¿Pueden señalar problemas generales que encontraron en las composiciones?

Paso 5. Vuelve a escribir tu composición, considerando las sugerencias de Para escribir mejor e incorporando los cambios discutidos anteriormente. Luego, entrégale la composición a tu profesor(a).

CAPÍTULO **trece**

DE PREOCUPACIONES A OBSESIONES

EL VÍDEO

Actividad A. ¿Dónde está don Fernando?

Paso 1. En este episodio, Ángela y Roberto piensan que por fin conocerán a su abuelo paterno. Pero, una vez más, hay una demora (*delay*). ¿Recuerdas qué pasó? Lee los siguientes fragmentos del episodio y asocia cada uno con el personaje de la siguiente lista que lo dijo.

Ángela, Arturo, don Fernando, Mercedes, Raquel

1. _____ «¡Por fin conoceremos al abuelo!»

2. _____ «Don Fernando no está. ¡La habitación esta vacía! ¿Ven? No está. No hay nadie.»

3. _____ «¡Enfermera!... Disculpe, pero, vinimos a ver al Sr. Fernando Castillo y no hay nadie en la habitación.»

4. _____ «¡Aajj! ¡Esta comida está espantosa! Mercedes, ¿cuánto tiempo más vamos a estar aquí?»

5. _____ «Mira, ahora tienes que ser un buen paciente, ayudar a los médicos. Y pasado mañana regresamos y podrás conocer a tus nietos. Te lo prometo.»

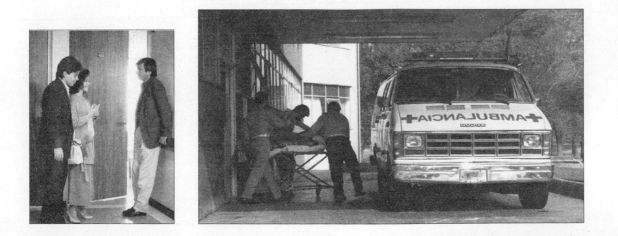

Paso 2. Comprueba tus respuestas en la clave de respuestas del Apéndice 2. Los fragmentos del Paso 1 corresponden a dos escenas del Episodio 13. Basándote en esas dos escenas y en los fragmentos del Paso 1, escribe un resumen de la demora de la reunión entre los nietos y su abuelo.

_____

_____

_____

_____

Paso 3. (Optativo) Compara tu resumen con el de un compañero / una compañera de clase. ¿Pueden Uds. añadir otro detalle o comentario?

Actividad B. Una conversación telefónica

 **Paso 1.** En este episodio averiguaste más sobre la situación y los problemas económicos de la familia Castillo. Ramón le menciona a Lucía uno de los problemas durante una conversación telefónica. Escucha la conversación y trata de imaginar lo que podría haber dicho Ramón.

Paso 2. Identifica a los cuatro miembros de la familia Castillo que se mencionan en esa conversación con respecto a los asuntos indicados.

el primer codicilo: _____ , _____

los problemas económicos: _____ , _____

Paso 3. Ahora vuelve a escuchar la conversación. Para la cinta para escribir las respuestas que Ramón posiblemente le dio a Lucía. Puedes escuchar más de una vez, si quieres.

LUCÍA:...

1. RAMÓN: _____

LUCÍA:...

2. RAMÓN: _____

LUCÍA:...

3. RAMÓN: _____

LUCÍA:...

4. RAMÓN: _____

Paso 4. Compara tus respuestas con las de un compañero / una compañera de clase o consulta la clave de respuestas del Apéndice 2.

Actividad C. Gloria

Paso 1. En este episodio, se revela que los problemas económicos se originaron en la sucursal (*branch office*) de Miami. Lee las siguientes oraciones e indica si son ciertas (C) o falsas (F). Corrige las oraciones falsas.

C   F   1.   Pedro, Ramón y Carlos se reunieron con dos auditores.

_____

C   F   2. Los auditores recomendaron que cerraran la oficina de Miami y que vendieran La Gavia.

_____

C   F   3. Un inversionista (*investor*) estadounidense quería comprar La Gavia y convertirla en un hospital.

_____

C   F   4. Los hermanos de Carlos descubrieron que el año pasado él sacó 200.000 dólares del negocio de Miami.

_____

C   F   5. Gloria se llevó el coche de Carlos y desapareció.

_____

C   F   6. Carlos confesó que Gloria tenía el vicio del juego y que él intentó protegerla con el dinero de la sucursal de Miami.

_____

C   F   7. Carlos no dijo nada de esto antes porque intentaba engañar a la familia.

_____

Paso 2. Ahora lee la siguiente explicación incompleta del problema de Gloria. Luego, escucha el fragmento del Episodio 13 para completarla con la información que falta. Puedes escuchar más de una vez, si quieres.

Hacía _____[1] que Gloria jugaba por dinero. A veces viajaba a

las _____,[2] a Atlantic City y a _____[3]

para jugar. Carlos pagaba sus _____[4] porque quería

_____[5] y darle tiempo. Cuando sus escapadas se hicieron más

frecuentes y _____[6] —una vez 5.000,00, otra vez

_____[7]— Carlos sacó dinero de la _____[8]

para poder pagar. Quería _____[9] antes de que la familia lo descubriera, pero no pudo. Tampoco dijo nada por _____,[10] porque

sus hermanos eran tan _____,[11] tan distinguidos. Cuando Gloria

desapareció, Carlos sabía que regresaría después de _____ [12]

días, después de _____ [13] todo, o que lo

_____ [14] para que la fuera a buscar.

Paso 3. Comprueba tus respuestas del Paso 1 y del Paso 2 con un compañero / una compañera de clase o consulta la clave de respuestas del Apéndice 2.

VOCABULARIO DEL TEMA

Actividad A. El vicio de Gloria

Paso 1. Repasa el Vocabulario del tema del Capítulo 13 del libro de texto. ¿Qué palabras puedes usar para describir el vicio de Gloria? Anota seis posibilidades.

_____ _____

_____ _____

_____ _____

Paso 2. Ahora describe el vicio de Gloria usando por lo menos tres de las palabras que apuntaste en el Paso 1. Puedes escribir más de una sola oración.

_____

_____

_____

_____

Paso 3. (Optativo) Compara tus palabras del Paso 1 y tu descripción del Paso 2 con las de un compañero / una compañera de clase. ¿Cuáles son algunas de las palabras del Vocabulario del tema que no usaron Uds. pero que podrían servir para describir el vicio de Gloria? ¿Pueden Uds. añadir otra oración a sus descripciones?

Actividad B. Definiciones

Paso 1. Lee las siguientes definiciones y escribe la palabra definida del Vocabulario del tema del Capítulo 13.

1. _____ sentir daño o dolor físico o moral; sufrir

2. _____ causar daño moral o material

3. _____ una persona que padece del hábito de tomar sustancias tóxicas o estupefacientes

4. _____ bueno para la salud corporal

Paso 2. Ahora define las siguientes palabras del Vocabulario del tema. Puedes usar las definiciones del Paso 1 como modelo, si quieres.

1. abusar _____

2. preocuparse _____

3. estupefaciente _____

4. sopor _____

5. dañino/a _____

Paso 3. Comprueba tus palabras y definiciones con las de un compañero / una compañera o consulta la clave de respuestas del Apéndice 2.

Paso 4. (Optativo) ¿Cómo se relacionan las bebidas alcohólicas y la nicotina con las adicciones? Escribe dos oraciones para explicar por qué se relacionan con la adicción. Trata de usar palabras del Vocabulario del tema.

1. las bebidas alcohólicas: _____
   _____

2. la nicotina: _____
   _____

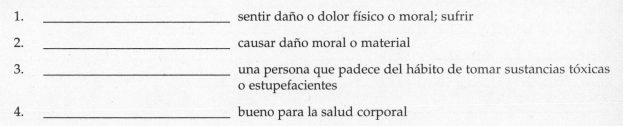

MI CUADERNO

Un amigo / Una amiga de Gloria

Imagínate que eres amigo/a de Gloria y que estás muy preocupado/a por su problema y por el daño emocional y económico que ella le puede causar a su familia. Como mantienes un diario, vas a reflexionar sobre la situación de ella en tu diario y contemplar varios planes para ayudar a Gloria y a su familia. Escribe dos párrafos en tu diario, tratando de usar palabras y expresiones del Vocabulario del tema.

_____
_____
_____
_____

_____

_____

_____

_____

_____

_____

_____

_____

_____

_____

PARA COMENTAR

Paso 1. ¿Qué sabes del Internet? ¿Has visitado algunos sitios electrónicos? ¿Cómo son? ¿Qué información puedes encontrar en ellos? Apunta algunas características generales del Internet y las páginas que contiene.

_____

_____

_____

_____

¡Si Leonardo hubiera tenido INTERNET!...

ANIERM e INTERCONNECTION lo invitan el próximo 17 de junio a las 17:00 hrs. a la plática informativa para que usted, como socio, pueda tener *su propia página* dentro de la *página de INTERNET* de la asociación.

Paso 2. Lee el anuncio. Mientras lo lees, considera las siguientes preguntas. ¿Quién es Leonardo? ¿Por qué no tenía acceso Internet?

Paso 3. Completa la siguiente oración según lo que crees:

Si Leonardo hubiera tenido Internet, habría _____

_____

_____

_____

_____

_____

Paso 4. Ahora contesta las siguientes preguntas sobre el anuncio.

1. ¿Cuál es el tema de esta plática (reunión) que se anuncia?

_____

2. ¿Cuál es la fecha y la hora de la plática?

_____

3. ¿Qué puedes conseguir si asistes a la plática?

_____

4. Una de las asociaciones que patrocina esta plática es ANIERM. ¿Qué crees que puede significar?
   a. Asociación Natural Industrial Ecológica de Recursos Modernos
   b. Asociación Nacional de Importadores y Exportadores de la República Mexicana
   c. Asociación Nacional de Inversionistas y Exploradores del Realismo Mágico

Paso 5. Comprueba tus respuestas del Paso 4 con un compañero / una compañera o consulta la clave de respuestas del Apéndice 2.

ENTRE UD. Y YO

En esta sección tienes la oportunidad de comunicarle a tu profesor(a) lo que piensas: tus comentarios, ideas y opiniones. En el Apéndice 1, al fin de este Manual, hay una hoja de papel que puedes usar para establecer el diálogo entre tu profesor(a) y tú.

EXPLOREMOS LA LENGUA

El subjuntivo en cláusulas adverbiales

Las cláusulas adverbiales funcionan como adverbios y explican cuándo ocurre algo.

> Gloria juega por dinero **cuando va a San Juan**.

Las siguientes conjunciones temporales introducen cláusulas adverbiales.

antes de que	en cuanto	siempre que
cuando	hasta que	tan pronto como
después de que	mientras	

Antes de que siempre introduce una cláusula adverbial que requiere el subjuntivo.

> Lucía no quiere hablar con los abogados **antes de que** Ramón le **mande** los documentos de don Fernando.
>
> Mercedes no permitió a su padre salir del hospital **antes de que hablara** con el médico.

Las otras conjunciones requieren el subjuntivo en la cláusula dependiente cuando la acción de la cláusula principal aún no se ha realizado. Las acciones habituales o cumplidas se expresan con el indicativo. Acciones futuras o pendientes se expresan con el subjuntivo.

> Raquel se quita los zapatos **cuando llega** a casa. (habitual)
> Raquel llamará a Lucía **cuando tenga** tiempo. (pendiente)
> Carlos pagó las deudas **después de que** Gloria **perdió** el dinero. (cumplido)
> Los hermanos Castillo quieren hablar con Carlos **después de que vuelva** de buscar a Gloria. (pendiente)
> Carlos siempre espera pacientemente **hasta que** Gloria **vuelve**. (habitual)
> Ángela va a estar ansiosa **hasta que conozca** a su abuelo. (pendiente)
> La recepcionista habla con los clientes **tan pronto como entran** en la oficina. (habitual)
> Raquel iba a hablar con don Fernando **tan pronto como** lo **encontrara**. (pendiente)

Actividad A. Las oportunidades

Paso 1. ¿Qué harán las siguientes personas? Complete las frases según el modelo. Tendrás que conjugar los verbos y añadir las palabras que faltan.

> MODELO: Luis / visitar a Raquel / tan pronto como / permitírselo →
> Luis visitará (va a visitar) a Raquel tan pronto como ella se lo permita.

1. Gloria / ir a San Juan / en cuanto / los casinos / iniciar la temporada (*to begin their season*)

   _____

   _____

2. Don Fernando / regresar a La Gavia / tan pronto como / permitírselo los médicos

   _____

   _____

3. Carlos / tener que amparar (*to protect*) / a su esposa / mientras / tener / ese vicio

_____

_____

4. Arturo / telefonear / a Raquel / tan pronto como / saber / donde / ella estar

_____

_____

5. Lucía / mandarle un fax / a Raquel / en cuanto / encontrar / información que ella buscar

_____

_____

Paso 2. Comprueba tus respuestas con un compañero / una compañera de clase o consulta la clave de respuestas del Apéndice 2.

Actividad B. Las contingencias

Paso 1. Lee las siguientes oraciones y completa cada una con la forma correcta del verbo más apropiado de la lista. **¡OJO!** Fíjate en el tiempo verbal de cada oración.

conocer, encontrar, hablar, recibir, regresar

1. Lucía no va a poder resolver el misterio del segundo codicilo hasta que _____ con los abogados.

2. Raquel quiere hablar con Arturo tan pronto como él _____ a Los Ángeles.

3. Se pensaba que en cuanto Gloria _____ atención médica, todo se arreglaría.

4. Don Fernando fue a Guadalajara antes de que Ángela y Roberto lo _____.

5. Carlos no quería hablar con sus hermanos hasta que _____ a Gloria.

Paso 2. Comprueba tus respuestas con un compañero / una compañera de clase o consulta la clave de respuestas del Apéndice 2.

PARA ESCRIBIR MEJOR

La conclusión

Sea cual sea (*Whatever may be*) el tema o el tono de tu composición o ensayo, el párrafo final tiene mucha influencia en las impresiones que los lectores llevan consigo. En un ensayo descriptivo o expositivo, el último párrafo no tiene por qué ser una conclusión que resume todo el contenido, sino un párrafo final bueno e interesante. Pero en un ensayo analítico y/o persuasivo en el que arguyes cierto punto de vista, debes hacer un resumen y llegar a una conclusión definitiva.

Primero, puedes usar una frase de orientación para que tu lector(a) sepa que ha llegado al final de tu composición. Algunas de estas frases son: **en conclusión, para concluir** o **para resumir**. En el párrafo final debes reunir las ideas principales que empleaste para presentar el tema. Pero esto no quiere decir que debes repetir por completo las ideas presentadas anteriormente. La meta singular de una buena conclusión debe ser el enriquecimiento de las ideas expuestas desde una perspectiva nueva o la ampliación del contexto en que se desarrollaron.

✎ Y POR FIN

Antes de que se haga tarde...

Paso 1. Imagínate que ayudas a parientes de personas que padecen de una adicción. Necesitas escribir un folleto que sirva de guía para los familiares que quieren ayudar al pariente adicto. Primero, escoge la adicción que quieres tratar. Luego, escribe una lista de ideas o un mapa semántico para organizar lo que sabes de la adicción y de los posibles métodos para acercarse al adicto / a la adicta.

Paso 2. Organiza tus ideas en un bosquejo. Recuerda que este folleto debe guiar las acciones de los familiares, convencerlos de los peligros de la adicción y darles ánimo a tomar acción. Debes empezar con una descripción de la adicción y continuar con los peligros y los métodos posibles de intervención.

Paso 3. Escribe el folleto. Trata de usar conjunciones temporales de Exploremos la lengua para hacer hincapié en (*emphasize*) la urgencia de resolver ese problema.

Paso 4. Intercambia tu folleto con el de un compañero / una compañera de clase, o usa el método de intercambio presentado en el Capítulo 11 de este Manual. Mientras lees el folleto de tu compañero/a, busca y subraya los errores gramaticales, especialmente con respecto al uso de las conjunciones temporales. También debes fijarte bien en la conclusión del folleto.

Paso 5. Colaborando con tu compañero/a, intenta eliminar los errores que se señalaron en el Paso 4. ¿Pueden Uds. mejorar las conclusiones?

Paso 6. Vuelve a escribir tu folleto, incorporando los cambios discutidos anteriormente. Luego, entrégale el folleto a tu profesor(a).

CAPÍTULO *catorce*
ASUNTOS FINANCIEROS

EL VÍDEO

Actividad A. Luis y Raquel

Paso 1. En este episodio averiguaste más de las relaciones entre Luis y Raquel. ¿Recuerdas por qué Raquel decidió romper relaciones con él? Escucha los siguientes fragmentos del episodio y trata de identificar a qué etapa (*time period*) de las relaciones entre Raquel y Luis pertenece cada uno.

a. la universidad, hace muchos años
b. México, hace cinco años
c. Los Ángeles, ahora

1. ____ 2. ____ 3. ____ 4. ____ 5. ____ 6. ____

Paso 2. Comprueba tus respuestas en la clave de respuestas del Apéndice 2. Luego, escribe un resumen de las relaciones entre Luis y Raquel. En tu resumen, explica por qué Raquel no quiere salir o estar con Luis en cada etapa indicada en el Paso 1.

_____

_____

_____

_____

_____

_____

_____

_____

Paso 3. (Optativo) Compara tu resumen con el de un compañero / una compañera de clase. ¿Pueden Uds. añadir algún detalle? ¿Están de acuerdo con respecto a las razones por las que Raquel no quiere tener relaciones con Luis?

Actividad B. Asociaciones

Paso 1. Muchos personajes aparecen en el Episodio 14. ¿Recuerdas por qué es importante cada uno de ellos? Escucha los siguientes fragmentos y empareja la información a continuación con el personaje más apropiado.

1. _____ María, la madre de Raquel
2. _____ Emilio, el padre de Lucía
3. _____ Gloria, la esposa de Carlos
4. _____ Roberto y Ángela, los nietos puertorriqueños
5. _____ la Sra. López Estrada, la agente de bienes raíces
6. _____ Luis, el ex novio de Raquel
7. _____ Mercedes, la hija de don Fernando

a. la fundación de un orfanato
b. la llegada de Luis a México
c. el segundo codicilo del testamento de don Fernando
d. un fin de semana para dos en Zihuatanejo
e. la copa de bodas
f. la venta de La Gavia
g. una carta a don Fernando

Paso 2. Ahora escribe oraciones que explican las asociaciones que emparejaste en el Paso 1. Puedes volver a escuchar los fragmentos, si quieres.

> MODELO: 1. María convenzó a Luis de que fuera a México para ver a Raquel.

2. _____

3. _____

4. _____

5. _____

6. _____

7. _____

Paso 3. (Optativo) Compruebra tus respuestas con un compañero / una compañera de clase. ¿Llegaron Uds. a las mismas conclusiones en cuanto a las asociaciones?

Actividad C. Los documentos de don Fernando

Paso 1. En este episodio, Lucía examina la documentación que Ramón le ha mandado. ¿Recuerdas las cosas que ella encuentra entre los documentos? Empareja las cosas que encuentra con las citas apropiadas.

> una carta a don Fernando, un certificado de nacimiento, dos codicilos, una foto y unos dibujos, unos recibos de clínicas, un testamento

1. «¡Qué pena que nunca lo conociera!»

   _____

2. «Pues, no hay nada sospechoso por parte de Gloria.»

   _____

3. «¿Qué hace aquí el nombre de mi padre?»

   _____

Paso 2. Ahora, escribe el nombre del personaje que se asocia con cada una de las citas del Paso 1: Gloria Castillo, Ángel Castillo o Emilio Hinojosa Barranco.

1. _____

2. _____

3. _____

Paso 3. Comprueba tus respuestas en la clave de respuestas del Apéndice 2. Luego, explica el significado y la importancia de las cosas que Lucía encontró. ¿Qué importancia crees que tiene el documento que indica el nombre del padre de Lucía?

1. _____
   _____
2. _____
   _____
3. _____
   _____

VOCABULARIO DEL TEMA

Actividad A. Definiciones

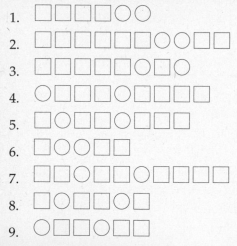 **Paso 1.** Escucha las definiciones que se dan en la cinta y escribe cada palabra definida en las casillas a continuación. Usa la siguiente lista como guía.

abonar, bancarrota, cobrar, deuda, devolución, financiar, gastos, hipoteca, ingresos

1. ☐☐☐☐○○
2. ☐☐☐☐☐○☐☐
3. ☐☐☐☐○☐○
4. ○☐☐☐○☐☐☐
5. ☐○☐☐○☐☐☐
6. ☐○○☐☐
7. ☐☐○☐☐○☐☐☐
8. ☐○☐☐○☐
9. ○☐☐○☐☐

Paso 2. Ahora pon las letras que han quedado en los círculos en el orden apropiado para formar una expresión clave de este capítulo.

_____

Paso 3. Comprueba tus respuestas con un compañero / una compañera de clase o consulta la clave de respuestas del Apéndice 2.

Actividad B. El orfanato

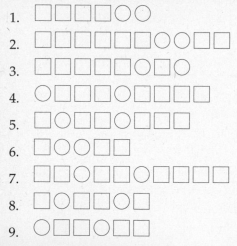 **Paso 1.** ¿Recuerdas lo que dice don Fernando cuando Mercedes menciona la idea de fundar un orfanato? Escucha el siguiente fragmento del Episodio 14. Luego, explica las relaciones entre cada una de las siguientes palabras del Vocabulario del tema y el fragmento en la cinta.

1. la cuenta _____
   _____

2. la ganancia _____

_____

3. el interés _____

_____

4. el/la inversionista _____

_____

5. prestar _____

_____

Paso 2. Ahora describe los pasos financieros que don Fernando ha tomado para realizar sus planes. Trata de usar palabras del Vocabulario del tema del Capítulo 14 del libro de texto. Puedes volver a escuchar el fragmento, si quieres.

_____

_____

_____

_____

_____

Paso 3. (Optativo) Compara tus respuestas del Paso 1 y tu descripción del Paso 2 con las de un compañero / una compañera de clase.

✎ MI CUADERNO

Una solicitud

En este episodio don Fernando menciona que ha solicitado ayuda de políticos y empresarios para ayudar con las finanzas del orfanato. Imagínate que tú tienes que redactar una carta solicitando contribuciones financieras para el proyecto de don Fernando. La carta debe introducir la idea del orfanato y explicar cómo se llevarán a cabo (*will be carried out*) los planes. Usa palabras del Vocabulario del tema cuando puedas.

_____

_____

_____

_____

_____

_____

_____

_____

_____

PARA COMENTAR

Paso 1. ¿Cómo piensan los hombres? ¿De qué hablan ellos? ¿Cuáles son las ambiciones y las prioridades del hombre moderno? Lee el párrafo preliminar en la siguiente página que introduce los resultados de una encuesta a 2.000 hombres en Nueva York.

Paso 2. Todas las siguientes oraciones son falsas. Corrígelas según los resultados de la encuesta. Luego, comprueba tus respuestas en la clave de respuestas del Apéndice 2.

1. Los hombres hablan más de deportes que de cualquier otra cosa.

   _____

2. El hombre medio (*average*) de la encuesta valora su carrera más que nada.

   _____

3. A partir de la encuesta se puede concluir que la mayoría de los problemas conyugales son productos de la infidelidad.

   _____

4. Al hombre típico le importaría más asistir a una conferencia sobre cómo ser un amante ideal que cualquier otra cosa.

   _____

Paso 3. El autor del artículo dice que los resultados son sorprendentes. ¿Estás de acuerdo con eso? ¿Qué resultados te sorprenden más? ¿Cuáles no te sorprenden en absoluto? Escribe dos o tres oraciones para describir tus reacciones ante los resultados de la encuesta.

_____

_____

_____

_____

_____

¿Cómo piensan los hombres?

Activa, México, D.F.

El lugar común[a] nos diría que son unos machos sexomaníacos, con una visión del mundo materialista en la que no cabe[b] el interés por la estabilidad emocional y familiar. Sin embargo, la mentalidad de los hombres de la generación *baby-boom* —los que tienen entre 40 y 50 años— está muy lejos de responder a este arquetipo. Al menos así lo sugieren las respuestas dadas por 2.000 varones[c] a un cuestionario aplicado por el *New York Times* para descubrir cómo piensan, qué les gusta, qué les hace felices, qué les disgusta y qué consideran más importante en la vida. Los resultados son sorprendentes, y nos muestran la imagen de unos hombres mucho más sensibles de lo que imaginamos comúnmente.

¿De cuáles temas hablan frecuentemente con otros hombres?

De mujeres:	23%
De deportes:	20%
De trabajo:	19%
De *hobbies*:	17%
Sobre los hijos:	10%
Sobre política:	6%

¿En cuáles de estas áreas le gustaría mejorar?

Ganar más dinero:	30%
Ser mejor padre:	22%
Ser mejor esposo:	18%
Ser mejor amigo:	13%
Ser mejor empleado:	9%
Ser mejor amante:	4%

¿Cuál es la principal causa de sus peleas conyugales?[d]

Dinero:	53%
Sexo:	36%
Amigos:	11%

¿Qué tan importante es la fidelidad en el matrimonio?

	HOMBRE	MUJER
Importante:	79%	82%
No tan importante:	17%	14%

¿Qué es más importante para usted?

Sexo	3%
Fama	4%
No está seguro	6%
Carrera	12%
Dinero	13%
El matrimonio	62%

[a]lugar... *common sense* [b]*fit* [c]hombres [d]*conjugal*

ENTRE UD. Y YO

En esta sección tienes la oportunidad de comunicarle a tu profesor(a) lo que piensas: tus comentarios, ideas y opiniones. En el Apéndice 1, al fin de este Manual, hay una hoja de papel que puedes usar para establecer el diálogo entre tu profesor(a) y tú.

EXPLOREMOS LA LENGUA

El condicional*

¿Recuerdas cómo expresar un mandato o un deseo cortésmente? Una de las maneras de suavizar los mandatos directos es el uso del tiempo condicional.

> Abre la puerta. → ¿**Podrías** abrir la puerta?
> Quiero hablar con el Sr. Castillo. → Me **gustaría** hablar con el Sr. Castillo.

Además de suavizar las peticiones, el condicional se usa también para expresar acciones o condiciones que dependen de ciertas circunstancias.

> Con ayuda gubernamental e internacional, **abriríamos** el orfanato muy pronto.

El condicional también expresa el futuro desde un momento del pasado.

> Don Fernando estaba seguro de que pronto **establecerían** el orfanato.

Además, el condicional puede sustituir adverbios para expresar la probabilidad de que ocurran ciertas acciones y condiciones.

> Don Fernando tenía dudas. **Querría** ver más evidencia.
> Lucía no entendió por qué aparecía el nombre de su padre en la carpeta. **Habría** algo en la documentación para explicarlo.

Actividad A. En otras palabras

Paso 1. Lee las siguientes oraciones y expresa cada una de manera distinta, usando el condicional.

1. Vengan acá ahora mismo.

   _____

2. Estos zapatos son lindos. Los quiero comprar.

   _____

3. Con su permiso, podemos abrir una cuenta corriente en el banco de la esquina.

   _____

4. Estela no llegó hasta las 2:00 de la mañana. Posiblemente estudiaba en la biblioteca hasta tarde.

   _____

---

* El uso del condicional en oraciones con cláusulas con **si** y el imperfecto del subjuntivo se presenta en el Capítulo 15 de este Manual.

5. Marta nos dijo que iba a salir a las 10:00.

   _____

6. Probablemente pusieron los documentos en otro archivo.

   _____

7. Dime qué encontraste.

   _____

8. Iban a saber algo más después de la reunión.

   _____

Paso 2. Comprueba tus respuestas con un compañero / una compañera de clase o consulta la clave de respuestas del Apéndice 2.

Actividad B. ¿Qué haría?

Paso 1. Para cada una de las siguientes situaciones, describe lo que haría el personaje mencionado. Debes usar el condicional.

1. Luis aparece en la oficina de Raquel para invitarla a almorzar. ¿Qué haría ella?

   _____

2. Lucía no encuentra ninguna evidencia del segundo codicilo. ¿Qué haría ella?

   _____

3. Raquel llama a Arturo a la Argentina. ¿Qué se dirían?

   _____

Paso 2. Ahora considera las siguientes situaciones y describe lo que harías tú en cada una. Usa el condicional en tus respuestas.

1. Acabas de encontrar un reloj Rolex en la playa.

   _____

2. Estás en una tienda y ves a un empleado sacar dinero de la caja y meterlo (*put it*) en el bolsillo de sus pantalones.

   _____

3. Tus amigos han tomado muchas bebidas alcohólicas y quieren ir a una discoteca en el coche de uno de ellos.

   _____

4. En la calle alguien trata de venderte una bolsa de cocaína.

   _____

5. A un amigo tuyo le acaban de insultar por ser de otro país, de otra religión o de otra orientación sexual.

   _____

6. Resulta que la camisa que compraste en el centro comercial tiene un agujero (*hole*) pequeño debajo de la manga (*sleeve*).

Paso 3. (Optativo) Compara tus oraciones del Paso 1 y del Paso 2 con las de un compañero / una compañera de clase. ¿Harían Uds. cosas semejantes en cada una de esas situaciones?

Repasando la gramática

Después de escribir una composición hay que repasar la gramática sistemáticamente para evitar errores innecesarios. Por ejemplo, si escribes una composición en el pasado querrás repasar con cuidado el uso del pretérito y del imperfecto. Puedes elaborar una lista como la siguiente para mantener un buen sistema de repaso gramatical.

1. LA ORTOGRAFÍA
   a. ¿Hacen falta acentos escritos?
   b. ¿Hay cognados del inglés cuya ortografía te confunda?

2. LA CONCORDANCIA VERBAL
   a. entre verbo y sujeto:

      Mi hermana Elena y yo **tengo** tiempo. → Mi hermana Elena y yo **tenemos** tiempo.

   b. tiempo y modo:

      Ayer, el presidente **dice** que se enfrentó con una circunstancia difícil. →
      Ayer, el presidente **dijo** que se enfrentó con una circunstancia difícil.
      Espero que los padres **saben** qué hacer. → Espero que los padres **sepan** qué hacer.

3. LA CONCORDANCIA ENTRE ADJETIVO Y SUSTANTIVO

   Los alcaldes **nuevo** tienen que asistir a **un** reunión para discutir **algunas** problemas muy **serio**. → Los alcaldes **nuevos** tienen que asistir a **una** reunión para discutir **algunos** problemas muy **serios**.

4. LAS ESTRUCTURAS
   a. preposiciones:

      • la **a** personal

      Vi Juan anoche. → Vi **a** Juan anoche.

      • preposiciones con ciertos verbos o expresiones

      Tengo miedo entrar. → Tengo miedo **de** entrar.
      Se enamoró con su amiga. → Se enamoró **de** su amiga.
      Vamos la tienda. → Vamos **a** la tienda.
      La solución consiste de varios elementos. → La solución consiste **en** varios elementos.

   b. conjunciones:

      Quieren ir al cine, a cenar después. → Quieren ir al cine **y** a cenar después.
      Sabemos Antonio no tiene la dirección. → Sabemos **que** Antonio no tiene la dirección.
      No queremos la sopa **pero** las papas. → No queremos la sopa, **sino** las papas.

c. posesión:

el **cliente's** dinero → el dinero **del** cliente

d. expresiones idiomáticas:

Tengo mucho frío.
Hace sol hoy.
Hace varios años que no nos vemos.

Y POR FIN

Una beca

Paso 1. Imagínate que la facultad de administración de empresas de tu universidad ofrece una beca nueva y bastante grande. Es un experimento cooperativo entre un banco y la facultad de la universidad para ver cómo un estudiante manejaría el dinero. Para conseguir la beca, tienes que escribir un párrafo original en el que describes tus ambiciones durante y después de tus años universitarios. No tienes que ser estudiante de administración de empresas, pero sí debes mostrarles que sabes manejar bien el dinero. En un segundo párrafo vas a explicar en detalle cómo manejarías el dinero de la beca. Escribe una lista de ideas o un mapa semántico para poner tus ideas en orden.

Paso 2. Haz un bosquejo para organizar tus ideas. Trata de pensar en alguna manera original e interesante de llamar la atención de los que van a otorgar (*award*) la beca.

Paso 3. Escribe tu solicitud. Incluye los dos párrafos indicados en el Paso 1. Puedes incluir también un párrafo preliminar y una conclusión, si quieres.

Paso 4. Intercambia tu composición con la de un compañero / una compañera de clase. Mientras lees su composición, busca y subraya los errores gramaticales, especialmente con respecto al uso del condicional. Puedes emplear un sistema de repaso gramatical como el presentado en Para escribir mejor.

Paso 5. Colaborando con tu compañero/a, intenten corregir los errores que se señalaron mutuamente en el Paso 4. ¿Pueden Uds. indicar algunas oraciones que se expresan mejor con el tiempo condicional?

Paso 6. Vuelve a escribir tu composición, incorporando los cambios discutidos anteriormente. Luego, entrégale la composición a tu profesor(a).

CAPÍTULO quince
PENSANDO EN MAÑANA

EL VÍDEO

Actividad A. Todos juntos

Paso 1. En este último episodio de *Nuevos Destinos*, hay una escena emocionante en la que toda la familia Castillo se reúne en la habitación de don Fernando. ¿Qué pasó durante esa reunión? Lee las siguientes oraciones e indica las que reflejan lo que pasó en la escena. Luego, comprueba tus respuestas con un compañero / una compañera de clase o consulta la clave de respuestas del Apéndice 2.

1. _____ Mercedes trae los planes para el orfanato.

2. _____ Raquel y Arturo vienen a despedirse.

3. _____ Arturo le da a don Fernando su dirección en Buenos Aires.

4. _____ Don Fernando le dice a Arturo que lo considera como un hijo verdadero porque es hijo de Rosario.

5. _____ Ángela le muestra a don Fernando la copa que trajo de Puerto Rico.

6. _____ Los nietos puertorriqueños se quedan solos un rato con don Fernando.

7. _____ Don Fernando le ruega (*begs*) a Arturo que vaya a Los Ángeles para estar con Raquel.

8. _____ Raquel le dice a don Fernando que Rosario siempre lo amó.

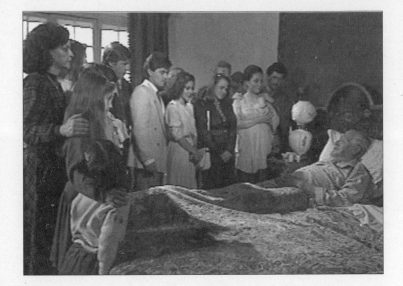

Paso 2. ¿Recuerdas por qué es tan importante la escena con Ángela y don Fernando en este episodio? Escucha un fragmento del episodio y luego escribe una o dos oraciones para explicar las acciones de Ángela y don Fernando.

_____

_____

_____

Paso 3. (Optativo) Compara tu explicación del Paso 2 con la de un compañero / una compañera de clase.

Actividad B. Raquel y Arturo

Paso 1. Don Fernando tiene otro intercambio importante también, esta vez con Raquel. Escucha el siguiente fragmento del Episodio 15 y luego escribe lo que don Fernando le recomienda a Raquel. Explica también si Raquel y Arturo siguieron los consejos de don Fernando o no.

_____

_____

_____

Paso 2. Después de conocer mejor a Lucía, Raquel le confía algunas cosas con respecto a las relaciones que tiene con Arturo. Empareja cada frase de la columna a la izquierda con la frase más apropiada de la columna a la derecha.

1. _____ Después de recibir la última carta,

2. _____ Raquel está preparada

3. _____ Raquel tiene que considerar una mudanza (*move*) a la Argentina

4. _____ Raquel está pensando en cambiar drásticamente su vida

a. para continuar sus relaciones con Arturo.
b. para la posibilidad de que Arturo no vuelva a Los Ángeles.
c. para demostrarle a Arturo que él es parte importante de su vida.
d. Raquel no ha recibido noticias de Arturo.

Paso 3. Al final de *Nuevos Destinos*, Raquel recibe una llamada telefónica. Contesta las siguientes preguntas acerca de esa llamada.

1. ¿Quién llama?

   _____

2. ¿Dónde está?

   _____

3. ¿Qué quiere?

   _____

4. ¿Cómo reacciona Raquel?

   _____

5. ¿Qué crees que va a pasar ahora?

   _____

Paso 4. Comprueba tus respuestas con un compañero / una compañera de clase o consulta la clave de respuestas del Apéndice 2.

Actividad C. La resolución del caso

Paso 1. En este episodio Lucía se siente muy aliviada por haber resuelto el misterio del segundo codicilo. Escucha el siguiente fragmento y lee las siguientes oraciones. Luego, indica el orden cronológico apropiado de las oraciones.

_____ La familia de Lucía recibió una herencia según un codicilo del testamento de don Fernando.

_____ Don Fernando le compró el invento al padre de Lucía.

_____ Don Pedro incorporó un segundo codicilo al testamento de don Fernando.

_____ Don Fernando se hizo rico con el invento del padre de Lucía.

_____ El padre de Lucía trabajaba en la primera fábrica de don Fernando.

_____ Don Fernando murió.

_____ El padre de Lucía inventó un proceso metalúrgico.

Paso 2. Lucía también le explica a Raquel por qué el segundo codicilo causó tanta confusión. Escucha la explicación de Lucía y luego completa cada una de las siguientes oraciones con la frase más apropiada. Puedes escuchar más de una vez, si quieres.

1. Cuando Pedro comprendió los escrúpulos de su hermano, _____ justo antes de la muerte de don Fernando.

   a. llamó al padre de Lucía
   b. incorporó el segundo codicilo al testamento
   c. devolvió el invento a la familia Hinojosa

2. Habría sido difícil para los Castillo aceptar la existencia de un segundo codicilo porque _____.

   a. don Fernando murió en México
   b. la familia Castillo recibió bien a Ángela y Roberto
   c. la familia Castillo necesitaba recuperarse del golpe de los resultados de la investigación de Raquel

3. Pedro le dijo a don Fernando que debían posponer la entrega de la herencia a los Hinojosa _____.

   a. para primero salvar La Gavia y fundar el orfanato
   b. para hablar con la familia primero
   c. porque no había suficiente dinero

4. Lucía opina que todo el proceso fue _____.

   a. injusto
   b. difícil
   c. lógico

Paso 3. Comprueba tus respuestas con un compañero / una compañera de clase o consulta la clave de respuestas del Apéndice 2.

VOCABULARIO DEL TEMA

Actividad A. Crucigrama

Paso 1. Repasa el Vocabulario del tema del Capítulo 15 en el libro de texto. Luego, lee las siguientes definiciones que corresponden al crucigrama. Llena el crucigrama con las palabras más apropiadas para completar las oraciones. Usa la siguiente lista como guía. No cambies la forma de las palabras de la lista.

acordarse, acudir, angustiado, apostar, astuto, bienestar, carrera, dañar, desempeñar un papel, elegir, evaluar, evitar, fracasar, hacerse, realizar, resolver, salud, sobreviven, superar, tratar con ella

HORIZONTALES

1. valerse de (*to go to*) algo o de alguien para ayuda
4. no tener ningún éxito
7. resolver o vencer (*to conquer*) una situación no deseada
9. escoger, dar preferencia a
10. se refiere al estado físico y mental de las personas
12. señalar, estimar, apreciar o calcular el valor de una cosa
14. escapar de algo peligroso o molesto
15. comunicarse o relacionarse con ella
17. llegar a ser algo

18. causar detrimento, perjuicio, dolor o molestia
19. conjunto de las cosas necesarias para vivir bien

VERTICALES

1. arriesgar cierta cantidad de dinero con la esperanza de recibir una cantidad más grande
2. representar un personaje dramático; tomar parte o participar en algo
3. la profesión, el trabajo, el oficio
5. ellos superan una situación; logran aguantar una dificultad
6. afligido; atormentado
8. lograr; llevar a cabo
11. recordar; venir a la memoria
13. tomar una decisión determinada; encontrar una solución
16. sabio; hábil para engañar o evitar el engaño

Paso 2. Comprueba tus respuestas con un compañero / una compañera o consulta la clave de respuestas del Apéndice 2.

Actividad B. Situaciones

Paso 1. Escucha las siguientes situaciones y luego escribe las dos expresiones de la lista que más se relacionan con cada una. Puedes escuchar más de una vez, si quieres. Luego, comprueba tus respuestas en la clave de respuestas del Apéndice 2.

aprensivo/a, dañino/a, desconfiar, echar de menos, preocuparse por, trabar amistades

1. _____ , _____
2. _____ , _____
3. _____ , _____

Paso 2. Ahora describe cada situación usando las palabras de la lista del Paso 1. Puedes volver a escuchar las situaciones, si quieres.

1. _____
   _____
2. _____
   _____
3. _____

Paso 3. (Optativo) Compara tus oraciones con las de un compañero / una compañera de clase. ¿En qué son semejantes o cómo se diferencian sus descripciones?

MI CUADERNO

Luis Villarreal

En este episodio, Raquel le explica a Lucía que rompió relaciones definitivamente con Luis y que él no es una de las opciones que ella tiene en la vida. ¿Cómo se sentirá Luis? Imagínate que eres Luis y que, para desahogar (*relieve*) tu tristeza, escribes de eso en tu diario. Piensa en qué haría Luis si tuviera otra oportunidad con Raquel, si pudiera volver al pasado con ella. Escribe uno o dos párrafos.

_____

_____

_____

_____

_____

_____

_____

_____

_____

_____

_____

_____

_____

PARA COMENTAR

Paso 1. En este episodio, don Fernando le da un consejo inesperado a Raquel. En la siguiente tira cómica, Felipe, un amigo de Mafalda, solicita consejos de varios amigos. Piensa en tu propia experiencia al pedir y recibir consejos y contesta las siguientes preguntas sobre los consejos en general.

1. ¿Quiénes suelen ofrecer consejos sin que nadie se los pida? ¿Cómo reaccionas al recibir un consejo que no quieres?

_____

_____

2. ¿Has pedido consejos de amigos alguna vez? ¿Para qué?

_____

_____

3. ¿A quién le pides consejos con más frecuencia? ¿Por qué?

_____

_____

4. En tu opinión, ¿es recomendable pedirles consejos a varias personas para resolver una sola situación? ¿Por qué sí o por qué no?

_____

_____

Paso 2. Ahora lee la tira cómica. ¿Cuál sería el dilema del niño? ¿Qué consejos le habrán dado sus amigos? Completa las frases de la tira cómica con tus propias ideas.

ªI'd grab hold   ᵇqué... *what the heck*

1. Si yo fuera vos, lo que haría es...

   _____

2. Yo en tu lugar no dejaría de...

   _____

3. Yo que vos, agarraría y...

   _____

Paso 3. (Optativo) Compara tus oraciones con las de un compañero / una compañera de clase. ¿Qué dilema imaginaron Uds. que tenía el niño?

✒ ENTRE UD. Y YO

En esta sección tienes la oportunidad de comunicarle a tu profesor(a) lo que piensas: tus comentarios, ideas y opiniones. En el Apéndice 1, al fin de este Manual, hay una hoja de papel que puedes usar para establecer el diálogo entre tu profesor(a) y tú.

EXPLOREMOS LA LENGUA

Cláusulas con **si** y el imperfecto de subjuntivo

Una oración que contiene una cláusula dependiente con **si** puede expresar una situación o condición contraria a la realidad. La cláusula principal requiere el tiempo condicional y la cláusula dependiente (con **si**) contiene el imperfecto de subjuntivo. Esta estructura se contrasta con otras oraciones con **si** que expresan una posibilidad verdadera. Compara las siguientes oraciones.

> Si el jefe **es** razonable, nos **dará** el aumento. (una posibilidad; indicativo)
> Si el jefe **fuera** razonable, nos **daría** el aumento. (imposible; el jefe no es razonable; subjuntivo)

El orden de las dos cláusulas (dependiente e independiente) puede variar.

> **Comeríamos** en ese restaurante si no **fuera** tan caro.
> Si **tuvieran** más estudiantes, **irían** de excursión.

Actividad A. Cláusulas con *si*

Paso 1. Para cada número a continuación, combina las dos oraciones para formar una sola oración lógica contraria a la realidad. Cambia las formas de los verbos al imperfecto de subjuntivo y al condicional. No te olvides de usar **si** en la cláusula dependiente.

1. Luis se casa con Raquel. Ella acepta su petición.

   _____

2. Gloria no tiene una adicción. No ha perdido tanto dinero.

   _____

3. La madre de Raquel no se mete en su vida. No se preocupa por su hija.

   _____

4. Juan se queda en México. Su padre insiste.

   _____

5. Raquel y Arturo no resuelven su problema. Arturo no vuelve a Los Ángeles.

   _____

Paso 2. Comprueba tus respuestas con un compañero / una compañera de clase o consulta la clave de respuestas del Apéndice 2.

Actividad B. ¿Qué harías tú si... ?

Paso 1. Piensa en cuatro situaciones imposibles o contrarias a tu experiencia y escribe una oración para cada una. Usa la estructura con **si** y el imperfecto de subjuntivo y el condicional.

1. _____
2. _____
3. _____
4. _____

Paso 2. (Optativo) Compara tus oraciones con las de un compañero / una compañera de clase. ¿Escribieron Uds. alguna oración o idea semejante?

PARA ESCRIBIR MEJOR

La corrección de pruebas (*Proofreading*)

Al escribir una composición, el último paso que debes tomar es el de la corrección de pruebas. El proceso debe incluir varios elementos y, igual que la corrección de la gramática, debes desarrollar un sistema de repaso. Usa la siguiente lista para crear tu propio sistema de corrección. Ten en cuenta que lo ideal es hacer la corrección de pruebas varios días después de haber escrito la composición.

1. Lee la composición en voz alta para identificar y corregir los pasajes que no fluyen bien.
2. Trata de corregir problemas de fluidez con:
   a. las palabras transicionales.
   b. el cambio de oraciones muy cortas por una más compleja.
   c. la división de una oración demasiado larga y complicada en dos o tres oraciones más sencillas.
3. Busca y subraya palabras o expresiones de las cuales no estás seguro/a y usa un diccionario o un libro de texto para averiguar la ortografía y/o el uso de ellas.

Y POR FIN

Don Fernando y Rosario

Paso 1. En esta composición vas a recurrirte a la conjetura. Don Fernando y Rosario se querían mucho pero no pudieron compartir juntos la mayor parte de su vida. Trata de imaginarte cómo habría sido su matrimonio si no se hubieran separado. Haz una lista de ideas o un mapa semántico. Recuerda pensar en las cosas que no habrían ocurrido también.

Paso 2. Escoge una forma de acercarte al tema: ¿vas a escribir un cuento breve o escribir desde el punto de vista de uno de los personajes de *Nuevos Destinos*? Luego, organiza tus ideas en un bosquejo.

Paso 3. Escribe tu composición. Trate de incorporar oraciones con las cláusulas con **si**.

Paso 4. Intercambia tu composición con la de un compañero / una compañera de clase. Mientras lees su composición, busca y subraya los errores gramaticales, especialmente con respecto al uso de las cláusulas con **si**.

Paso 5. Colaborando con tu compañero/a, intenten corregir los errores que se señalaron mutuamente en el Paso 4. Es posible que quieran dejar de un lado sus composiciones y, después de varias horas o un par de días, hacer la corrección de pruebas según el sistema que cada uno/a de Uds. haya desarrollado. ¿Pueden Uds. indicar algunas ideas que se podrían expresar en una cláusula con **si**?

Paso 6. Vuelve a escribir tu composición, incorporando los cambios discutidos anteriormente. Luego, entrégale la composición a tu profesor(a).

Apéndice 1: Entre Ud. y yo

CAPÍTULO 1: A CONOCERNOS

ENTRE UD. Y YO

En esta sección tienes la oportunidad de comunicarle tus pensamientos, comentarios y opiniones a tu profesor(a), y así establecer un diálogo entre Uds. Puedes comentar cualquier tema que te interese (por ejemplo, tus gustos, tu familia, tus clases, la historia de *Nuevos Destinos,* etcétera). Debes incluir algunas preguntas específicas para hacerle a tu profesor(a) sobre el tema.

_____
_____
_____
_____
_____
_____
_____
_____
_____
_____
_____
_____

COMENTARIOS DEL PROFESOR / DE LA PROFESORA

_____
_____
_____
_____
_____
_____
_____
_____
_____

CAPÍTULO 2: LA FAMILIA

ENTRE UD. Y YO

En esta sección tienes la oportunidad de comunicarle tus pensamientos, comentarios y opiniones a tu profesor(a), y así establecer un diálogo entre Uds. Puedes comentar cualquier tema que te interese (por ejemplo, tus gustos, tu familia, tus clases, la historia de *Nuevos Destinos,* etcétera). Debes incluir algunas preguntas específicas para hacerle a tu profesor(a) sobre el tema.

_____
_____
_____
_____
_____
_____
_____
_____
_____
_____
_____
_____

COMENTARIOS DEL PROFESOR / DE LA PROFESORA

_____
_____
_____
_____
_____
_____
_____
_____
_____

CAPÍTULO 3: SECRETOS

ENTRE UD. Y YO

En esta sección tienes la oportunidad de comunicarle tus pensamientos, comentarios y opiniones a tu profesor(a), y así establecer un diálogo entre Uds. Puedes comentar cualquier tema que te interese (por ejemplo, tus gustos, tu familia, tus clases, la historia de *Nuevos Destinos,* etcétera). Debes incluir algunas preguntas específicas para hacerle a tu profesor(a) sobre el tema.

_____

_____

_____

_____

_____

_____

_____

_____

_____

_____

_____

_____

COMENTARIOS DEL PROFESOR / DE LA PROFESORA

_____

_____

_____

_____

_____

_____

_____

_____

_____

CAPÍTULO 4: EN CONTACTO

ENTRE UD. Y YO

En esta sección tienes la oportunidad de comunicarle tus pensamientos, comentarios y opiniones a tu profesor(a), y así establecer un diálogo entre Uds. Puedes comentar cualquier tema que te interese (por ejemplo, tus gustos, tu familia, tus clases, la historia de *Nuevos Destinos,* etcétera). Debes incluir algunas preguntas específicas para hacerle a tu profesor(a) sobre el tema.

_____
_____
_____
_____
_____
_____
_____
_____
_____
_____
_____
_____
_____
_____

COMENTARIOS DEL PROFESOR / DE LA PROFESORA

_____
_____
_____
_____
_____
_____
_____
_____
_____
_____

CAPÍTULO 5: NUEVOS HORIZONTES

ENTRE UD. Y YO

En esta sección tienes la oportunidad de comunicarle tus pensamientos, comentarios y opiniones a tu profesor(a), y así establecer un diálogo entre Uds. Puedes comentar cualquier tema que te interese (por ejemplo, tus gustos, tu familia, tus clases, la historia de *Nuevos Destinos,* etcétera). Debes incluir algunas preguntas específicas para hacerle a tu profesor(a) sobre el tema.

_____
_____
_____
_____
_____
_____
_____
_____
_____
_____
_____
_____
_____

COMENTARIOS DEL PROFESOR / DE LA PROFESORA

_____
_____
_____
_____
_____
_____
_____
_____

CAPÍTULO 6: INOLVIDABLE

ENTRE UD. Y YO

En esta sección tienes la oportunidad de comunicarle tus pensamientos, comentarios y opiniones a tu profesor(a), y así establecer un diálogo entre Uds. Puedes comentar cualquier tema que te interese (por ejemplo, tus gustos, tu familia, tus clases, la historia de *Nuevos Destinos,* etcétera). Debes incluir algunas preguntas específicas para hacerle a tu profesor(a) sobre el tema.

_____

_____

_____

_____

_____

_____

_____

_____

_____

_____

_____

_____

_____

_____

COMENTARIOS DEL PROFESOR / DE LA PROFESORA

_____

_____

_____

_____

_____

_____

_____

_____

_____

_____

CAPÍTULO 7: CONSEJOS

ENTRE UD. Y YO

En esta sección tienes la oportunidad de comunicarle tus pensamientos, comentarios y opiniones a tu profesor(a), y así establecer un diálogo entre Uds. Puedes comentar cualquier tema que te interese (por ejemplo, tus gustos, tu familia, tus clases, la historia de *Nuevos Destinos,* etcétera). Debes incluir algunas preguntas específicas para hacerle a tu profesor(a) sobre el tema.

_____

_____

_____

_____

_____

_____

_____

_____

_____

_____

_____

_____

_____

COMENTARIOS DEL PROFESOR / DE LA PROFESORA

_____

_____

_____

_____

_____

_____

_____

_____

_____

CAPÍTULO 8: COMO PEZ FUERA DEL AGUA

ENTRE UD. Y YO

En esta sección tienes la oportunidad de comunicarle tus pensamientos, comentarios y opiniones a tu profesor(a), y así establecer un diálogo entre Uds. Puedes comentar cualquier tema que te interese (por ejemplo, tus gustos, tu familia, tus clases, la historia de *Nuevos Destinos,* etcétera). Debes incluir algunas preguntas específicas para hacerle a tu profesor(a) sobre el tema.

_____
_____
_____
_____
_____
_____
_____
_____
_____
_____
_____
_____
_____

COMENTARIOS DEL PROFESOR / DE LA PROFESORA

_____
_____
_____
_____
_____
_____
_____
_____
_____
_____

CAPÍTULO 9: DECISIONES

ENTRE UD. Y YO

En esta sección tienes la oportunidad de comunicarle tus pensamientos, comentarios y opiniones a tu profesor(a), y así establecer un diálogo entre Uds. Puedes comentar cualquier tema que te interese (por ejemplo, tus gustos, tu familia, tus clases, la historia de *Nuevos Destinos*, etcétera). Debes incluir algunas preguntas específicas para hacerle a tu profesor(a) sobre el tema.

_____
_____
_____
_____
_____
_____
_____
_____
_____
_____
_____
_____
_____
_____

COMENTARIOS DEL PROFESOR / DE LA PROFESORA

_____
_____
_____
_____
_____
_____
_____
_____
_____
_____

CAPÍTULO 10: PAPELES

ENTRE UD. Y YO

En esta sección tienes la oportunidad de comunicarle tus pensamientos, comentarios y opiniones a tu profesor(a), y así establecer un diálogo entre Uds. Puedes comentar cualquier tema que te interese (por ejemplo, tus gustos, tu familia, tus clases, la historia de *Nuevos Destinos*, etcétera). Debes incluir algunas preguntas específicas para hacerle a tu profesor(a) sobre el tema.

_____

_____

_____

_____

_____

_____

_____

_____

_____

_____

_____

_____

COMENTARIOS DEL PROFESOR / DE LA PROFESORA

_____

_____

_____

_____

_____

_____

_____

_____

CAPÍTULO 11: ENTRE HERMANOS

ENTRE UD. Y YO

En esta sección tienes la oportunidad de comunicarle tus pensamientos, comentarios y opiniones a tu profesor(a), y así establecer un diálogo entre Uds. Puedes comentar cualquier tema que te interese (por ejemplo, tus gustos, tu familia, tus clases, la historia de *Nuevos Destinos,* etcétera). Debes incluir algunas preguntas específicas para hacerle a tu profesor(a) sobre el tema.

_____

_____

_____

_____

_____

_____

_____

_____

_____

_____

_____

_____

_____

_____

COMENTARIOS DEL PROFESOR / DE LA PROFESORA

_____

_____

_____

_____

_____

_____

_____

_____

_____

*Nombre*_____ *Fecha* _____ *Clase* _____

CAPÍTULO 12: VALORES

ENTRE UD. Y YO

En esta sección tienes la oportunidad de comunicarle tus pensamientos, comentarios y opiniones a tu profesor(a), y así establecer un diálogo entre Uds. Puedes comentar cualquier tema que te interese (por ejemplo, tus gustos, tu familia, tus clases, la historia de *Nuevos Destinos*, etcétera). Debes incluir algunas preguntas específicas para hacerle a tu profesor(a) sobre el tema.

_____

_____

_____

_____

_____

_____

_____

_____

_____

_____

_____

_____

_____

COMENTARIOS DEL PROFESOR / DE LA PROFESORA

_____

_____

_____

_____

_____

_____

_____

_____

_____

CAPÍTULO 13: DE PREOCUPACIONES A OBSESIONES

ENTRE UD. Y YO

En esta sección tienes la oportunidad de comunicarle tus pensamientos, comentarios y opiniones a tu profesor(a), y así establecer un diálogo entre Uds. Puedes comentar cualquier tema que te interese (por ejemplo, tus gustos, tu familia, tus clases, la historia de *Nuevos Destinos*, etcétera). Debes incluir algunas preguntas específicas para hacerle a tu profesor(a) sobre el tema.

_____
_____
_____
_____
_____
_____
_____
_____
_____
_____
_____
_____

COMENTARIOS DEL PROFESOR / DE LA PROFESORA

_____
_____
_____
_____
_____
_____
_____
_____

CAPÍTULO 14: ASUNTOS FINANCIEROS

ENTRE UD. Y YO

En esta sección tienes la oportunidad de comunicarle tus pensamientos, comentarios y opiniones a tu profesor(a), y así establecer un diálogo entre Uds. Puedes comentar cualquier tema que te interese (por ejemplo, tus gustos, tu familia, tus clases, la historia de *Nuevos Destinos*, etcétera). Debes incluir algunas preguntas específicas para hacerle a tu profesor(a) sobre el tema.

_____

_____

_____

_____

_____

_____

_____

_____

_____

_____

_____

_____

_____

COMENTARIOS DEL PROFESOR / DE LA PROFESORA

_____

_____

_____

_____

_____

_____

_____

_____

_____

_____

Nombre_____   Fecha _____   Clase _____

CAPÍTULO 15: PENSANDO EN MAÑANA

ENTRE UD. Y YO

En esta sección tienes la oportunidad de comunicarle tus pensamientos, comentarios y opiniones a tu profesor(a), y así establecer un diálogo entre Uds. Puedes comentar cualquier tema que te interese (por ejemplo, tus gustos, tu familia, tus clases, la historia de *Nuevos Destinos,* etcétera). Debes incluir algunas preguntas específicas para hacerle a tu profesor(a) sobre el tema.

_____

_____

_____

_____

_____

_____

_____

_____

_____

_____

_____

_____

_____

COMENTARIOS DEL PROFESOR / DE LA PROFESORA

_____

_____

_____

_____

_____

_____

_____

_____

Apéndice 2: Clave de respuestas

Capítulo 1

EL VÍDEO

Actividad A. Paso 1. 1. e 2. c 3. b 4. a 5. d **Paso 2.** 1. Raquel recibe/abre la carta. 2. Raquel lee la carta. 3. Raquel llama a Lucía. 4. Raquel le explica la historia a Lucía. 5. Lucía decide viajar a California. **Actividad B. Paso 1.** 1. Raquel y Lucía 2. Lucía 3. Lucía 4. Raquel 5. Raquel y Lucía 6. Raquel **Paso 2.** 1. d 2. b 3. a 4. e 5. c **Actividad C. Paso 1.** 1. salen de España 2. se quedan a vivir 3. en los negocios 4. muy viejo y enfermo 5. Fernando estuvo casado 6. durante el bombardeo 7. había muerto 8. Teresa Suárez 9. tuvo un hijo 10. que lo ayude 11. me contrata a mí

VOCABULARIO DEL TEMA

Actividad A. Paso 1. 1. formal 2. informal 3. informal **Paso 2.** 1. c 2. b 3. a **Paso 3.** *Respuestas posibles:* 1. Los hombres mencionan Veracruz, una ciudad de México, son formales en su discurso y tienen acento mexicano. 2. En esta conversación se usa el **vosotros,** la forma plural de la personal informal y el pronombre y forma verbal que distingue a los españoles. 3. Los hombres usan el **vos,** el pronombre y tiempo verbal de la persona informal singular usado en la Argentina y dos o tres otros países de Latinoamérica. **Actividad B. Paso 1.** 1. F 2. F, I 3. F, I 4. F 5. I 6. I 7. F, I 8. I

PARA COMENTAR

Paso 2. 1. Congreso Mundial del Sida, Organización Mundial de la Salud y el Comité Ciudadano Anti-Sida; San Francisco, California 2. Gesto por la Paz; el País Vasco; Julio Iglesias Zamora y José María Aldaya 3. Asociación Anabel Segura; Madrid; Anabel Segura 4. Hospital Militar de La Coruña; Galicia; los empleados del hospital 5. los estudiantes de Derecho de España

EXPLOREMOS LA LENGUA

Actividad A. Paso 1. 1. resultado 2. tener lugar 3. voz pasiva 4. tiempo progresivo 5. cambio 6. localización 7. hora 8. materia 9. día 10. condición **Paso 2.** 1. estar, condición 2. ser, expresión impersonal 3. estar, condición 4. ser, identificación 5. ser, característica 6. ser, identificación 7. estar, resultado 8. ser, posesión

Capítulo 2

EL VÍDEO

Actividad A. 1. Raquel y Lucía 2. Raquel 3. Lucía 4. Raquel y Lucía 5. Lucía **Actividad B. Paso 1.** 1. hijo 2. nieta 3. hija 4. nuera 5. hermano 6. nieto 7. (segunda) esposa **Paso 3.** 1. cuatro 2. Ramón, Carlos, Juan y Mercedes 3. Ramón y Mercedes (en La Gavia) en México, Carlos quizás en Florida y Juan en Nueva York 4. tres 5. Maricarmen, Juanita y Carlitos **Actividad C.** *Orden:* 4, 6, 2, 1, 3, 5

VOCABULARIO DEL TEMA

Actividad A. Paso 1. 1. d 2. e 3. b 4. a 5. c

Actividad C.

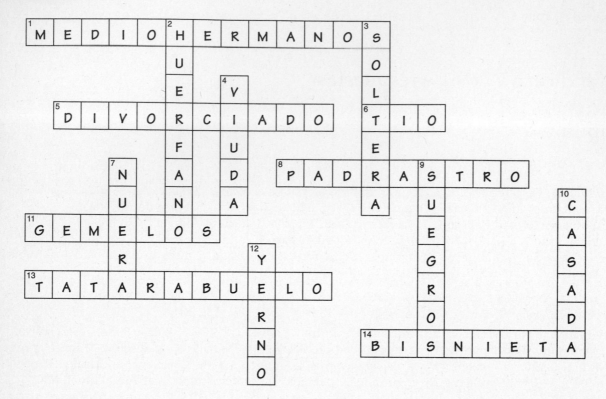

Actividad D. Paso 1. 1. a 2. c **Paso 2.** 1. Se nota una diferencia de edad en las voces. La mujer mayor usa un tono de voz y términos de cariño (nena, chiquilla) típicos de una abuela. Además, menciona los padres de la niña y después habla (refiriéndose al padre) de su yerno. 2. Por el tono de la voz y la franqueza con que se hablan se nota que son jóvenes y que se conocen bien. Uno excluye al otro como hermano cuando menciona «mi padre», pero los dos hablan de una tía mutua.

E X P L O R E M O S   L A   L E N G U A

Actividad A. Paso 1. 1. acción: causa 2. tiempo: límite 3. acción: motivo 4. movimiento: a través de 5. acción: propósito 6. acción: agente 7. acción: causa/razón 8. movimiento: destinación 9. comparación: intercambio 10. tiempo: durante 11. medio: comunicación 12. comparación: opinión 13. acción: objeto 14. comparación: contraste 15. comparación: tasa **Actividad B.** 1. para 2. por 3. por 4. para 5. para 6. por 7. para 8. para

Capítulo 3

E L   V Í D E O

Actividad A. Paso 1. 1. d 2. b, f 3. c 4. a, g 5. e **Actividad B. Paso 1.** *Orden:* 2, 1, 3 **Paso 2.** (*Orden cronológico:*) 1. Raquel va en taxi en busca de la casa de Teresa Suárez. 2. Raquel habla en la calle con Miguel Ruiz, el nieto de Teresa Suárez, para saber dónde vive ésta. 3. Al lado del río, Raquel le cuenta a Elena Ramírez, la nuera de Teresa Suárez, la historia de Rosario y don Fernando. **Actividad C.** 1. Raquel habla con Alfredo Sánchez. 2. Alfredo es reportero para la televisión. 3. Van a Madrid en tren. 4. Hablan del caso de Raquel. Alfredo quiere saber los detalles del caso, pero Raquel respeta la confidencialidad de su cliente, don Fernando.

VOCABULARIO DEL TEMA

Actividad A. Paso 1. 1. perdonar 2. mentir 3. guardar un secreto **Paso 2.** *Las respuestas variarán.*

PARA COMENTAR

Paso 2. 2, 5 **Paso 3.** 2

Capítulo 4

EL VÍDEO

Actividad A. Paso 1. 1. Lucía 2. Lucía 3. Raquel 4. Lucía 5. Raquel **Paso 2.** 1. Lucía le explica a Raquel lo que se dice en la carta. (2) 2. Lucía habla con la asistente de Raquel sobre las reservaciones. (4) 3. Raquel continúa contándole la historia de la familia Castillo Lucía. (3) 4. Lucía abre la carta que acaba de llegar. (1) 5. Raquel y Lucía se despiden. (5) **Actividad B. Paso 1.** 1. Sí 2. No 3. Sí 4. Sí 5. No 6. No 7. Sí 8. No 9. Sí **Paso 3.** 3. la ciudad donde Rosario y Teresa se conocieron: Sevilla 4. una descripción de Rosario en su juventud: atractiva y simpática 7. el nombre y la dirección del segundo esposo de Rosario: Martín Iglesias, estancia Santa Susana 9. el lugar donde Rosario vive ahora, probablemente: la Argentina (estancia Santa Susana) **Actividad C. Paso 1.** 1. Teresa 2. don Pedro 3. Rosario 4. don Fernando 5. Teresa 6. Lucía 7. Raquel

VOCABULARIO DEL TEMA

Actividad A. Paso 2. 1. carta 2. dirección 3. tío abuelo 4. dirección electrónica 5. número de teléfono 6. llamar 7. teléfono 8. correo electrónico

Actividad B. Paso 1.

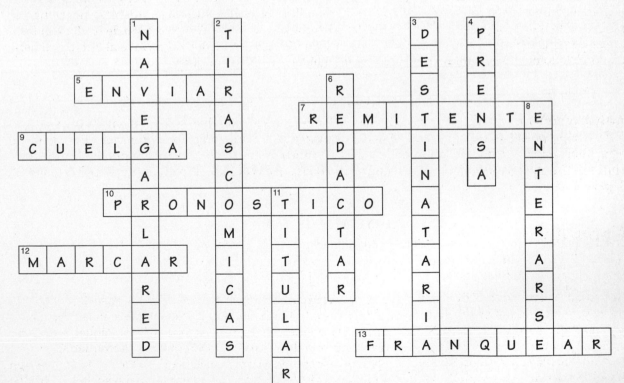

Paso 2. 1. elevar la producción de algunas células del sistema inmunológico 2. efecto favorable en la presión sanguínea 3. efecto favorable en el ritmo cardiaco 4. herramienta eficaz contra el dolor

EXPLOREMOS LA LENGUA

Actividad A. Paso 1. muere, sustituye, escribe, está, recibe, lee, recuerda, Sabe, está, dice, quiere, llama, se presentan, empieza, se da cuenta, necesita **Paso 2.** Cuando don Pedro **murió** en México, Lucía lo **sustituyó** para llevar los asuntos del testamento de don Fernando, y los de don Pedro también. Ramón le **escribió** una carta a Raquel para informarle de la muerte de su tío. Raquel **estaba** en su oficina cuando la **recibió**. Mientras **leía** la carta, **recordaba** a la familia Castillo. **Sabía** que la familia **estaba** triste. Ramón le **dijo** en la carta que Lucía **quería** saber la historia de la familia Castillo; por eso Raquel **llamó** a Lucía en México. Las dos mujeres **se presentaron** por teléfono. Raquel **empezó** a contarle a Lucía la historia pero después de poco, Lucía **se dio cuenta** de que **necesitaba** viajar a Los Ángeles para hablar con Raquel.

Capítulo 5

EL VÍDEO

Actividad A. Paso 2. 1. Raquel vuelve a *su casa* para trabajar. 2. Raquel *escucha un mensaje telefónico* de su madre. 3. *Raquel graba* más de la historia de la familia Castillo. 4. Raquel cuenta lo que le pasó en *la Argentina.* 5. Raquel habló con un empleado de *la estancia* para saber dónde encontrar a Rosario. 6. *La madre de Raquel la llama* para invitarla a cenar. 7. Arturo le explicó a Raquel *que Rosario ya murió y que no sabía dónde estaba Ángel.* 8. Lucía le manda a Raquel un fax *de un artículo de un periódico mexicano* (sobre La Gavia). **Actividad B. Paso 1.** 1. Arturo Iglesias 2. Ángel Castillo 3. Martín Iglesias 4. Rosario 5. Cirilo **Actividad C. Paso 1.** 1. Cirilo 2. el recepcionista 3. el ama de casa 4. el chofer **Paso 2.** 1. Está en la estancia Santa Susana para saber más sobre Rosario. (3) 2. Está en el hotel pidiendo información sobre la estancia Santa Susana. (1) 3. Está en Buenos Aires, en el consultorio de Arturo Iglesias. (4) 4. Está en el taxi y va hacia la estancia Santa Susana. (2) **Actividad D. Paso 1.** 1. sola 2. cenar 3. mañana 4. tamales 5. llegues

VOCABULARIO DEL TEMA

Actividad A. Paso 1. 1. rechazar 2. apoyar 3. tener éxito 4. fracasar 5. enfrentarse 6. evitar **Actividad B. Paso 1.** 1. desafío 2. contar con 3. se da cuenta 4. aclara 5. lamenta 6. sobrevivió 7. realizar 8. rencor 9. superar 10. apoyar **Actividad C. Paso 1.** 1. el socorro 2. el agravio 3. el apoyo 4. el rencor

EXPLOREMOS LA LENGUA

Actividad A. Paso 1. *Las respuestas variarán.* 1. Hace _____ años que Raquel vio a Luis en México. *o* Hace _____ años que Raquel y Luis se vieron en México. 2. Hace ocho horas que la madre de Raquel llamó a su hija. 3. Hace _____ años (_____ meses) que don Fernando murió. 4. Hace una hora y media que Raquel empezó a grabar la historia de la familia Castillo. 5. Hace tres (cuatro) días que enterraron a don Pedro.

Capítulo 6

EL VÍDEO

Actividad A. Paso 1. 2, 7, 1, 6, 3, 4, 5 **Actividad B. Paso 1.** 1. La Gavia 2. Héctor 3. Raquel 4. Ángel 5. José **Paso 2.** 1. Lucía 2. José 3. Arturo 4. Arturo 5. Mario

VOCABULARIO DEL TEMA

Actividad A. Paso 1.

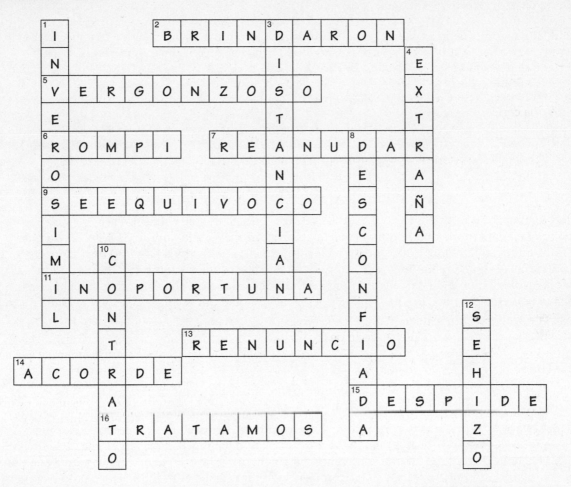

Actividad B. Paso 1. 1. burlarse de, desconfiada 2. ejercer, inverosímil 3. distanciarse, oportuno

PARA COMENTAR

Paso 2. 1. C 2. F: En esas ocasiones inesperadas cuando te piden que pronuncies brindis, tómate uno o dos minutos para pensar lo que quieres decir, antes de empezar. 3. F: No trates de hacer reír a los invitados si para ti es difícil o incómodo. 4. F: Es más importante ser breve, con un brindis de 30 segundos a dos minutos. 5. C 6. F: En caso de que tengas miedo de hablar o estés nerviosa, el alcohol no calmará tus nervios.

EXPLOREMOS LA LENGUA

Actividad A. Paso 1. 1. consejos 2. clases 3. estudios 4. madre 5. medio hermano **Paso 2.** 1. Aunque su padrastro quería darle consejos, Ángel no quiso escucharlos para nada. / Ángel no los quiso escuchar para nada. 2. Ángel no quería ir a sus clases. Dejó de tomarlas. / Las dejó de asistir. 3. Ángel había dejado sus estudios universitarios. Nunca volvió a la universidad para terminarlos. 4. Parece que Ángel escribió a su madre una vez, pero él nunca volvió a visitarla. / ... nunca la volvió a visitar. 5. Cuando Arturo les pregunta a los marineros si recuerdan a su medio hermano, le dicen: «No, no lo conocemos.» **Actividad B. Paso 1.** 1. la 2. lo 3. lo 4. te 5. te 6. las 7. te **Paso 2.** 1. La Gavia 2. mi hermano (Ángel) 3. José 4. tú (José) 5. tú (Luis) 6. brochetas 7. tú (Raquel)

Capítulo 7

Actividad A. Paso 1. 1. Se llama La Boca. 2. Llevaron una fotografía de Ángel a los 20 años. 3. José les recomendó que hablaran con Héctor, otro marinero. 4. Porque siempre había vivido en La Boca. 5. Tuvieron que ir a una fiesta. **Actividad B. Paso 1.** 1. c 2. d 3. b 4. a **Paso 2.** 1. d 2. f 3. a 4. b 5. c 6. g 7. e **Actividad C. Paso 1.** 1, 4, 6

VOCABULARIO DEL TEMA

Actividad B. Paso 1. 1. agradecer 2. acudir a 3. regañar 4. alentar 5. exhortar **Actividad C. Paso 1.** 1. sugerir 2. indagar 3. amonestar 4. confortar 5. solicitar

EXPLOREMOS LA LENGUA

Actividad A. Paso 1. 1. te 2. nos 3. le 4. me 5. te 6. les 7. les 8. te **Actividad B. Paso 1.** Lucía se pregunta por qué el gobierno le quiere quitar (quiere quitarle) La Gavia a la familia Castillo. 2. Cuando Raquel no contesta su llamada, Lucía le deja un mensaje (a ella): —Te voy a llamar (Voy a llamarte) (a ti) a casa. 3. Raquel le sigue grabando (sigue grabándole) la historia del encuentro con Héctor a Lucía. 4. Héctor le regala el dibujo de Ángel a Arturo. 5. Héctor les promete a ellos buscar la carta. 6. Arturo le dice a Raquel que Héctor tiene la carta. 7. Lucía le habla a Raquel por teléfono y le dice: —Dame (a mí) un consejo. 8. Raquel le ofrece a ella algunos consejos.

Capítulo 8

EL VÍDEO

Actividad A. Paso 1. 1. ordenar mis ideas 2. trabajo tentadora 3. hospital psiquiátrico 4. ex mujer estaba 5. te echo de menos 6. toda tu vida 7. como pez fuera del agua 8. en la Argentina 9. te llamaré **Paso 2.** 1. Está en la Argentina, en una conferencia psiquiátrica. 2. Le ofrecieron un buen puesto en un hospital psiquiátrico en Buenos Aires. 3. La ex mujer de Arturo estaba allí. 4. Se siente como pez fuera del agua. 5. *Las respuestas variarán.* **Actividad B. Paso 2.** *Ángel:* buen vecino, casado, enterrado, muerto, viudo; *su esposa:* buena vecina, casada, enterrada, escritora, linda, muerta **Actividad C. Paso 1.** 1. c 2. f 3. e 4. a 5. b 6. d **Paso 3.** 1. cuentos para niños 2. mudarse 3. tíos 4. un hermano 5. La abuela 6. doña Carmen / su suegra / la abuela de Ángela **Actividad D. Paso 1.** 1. codicilos 2. nietos 3. Los Ángeles 4. primer 5. fax 6. carta 7. cinta 8. historia

VOCABULARIO DEL TEMA

Actividad A. Paso 1. 1. asimilarse 2. aportar 3. añora 4. forastero **Paso 2.** 4, 3, 1, 2

Actividad B. Paso 1.

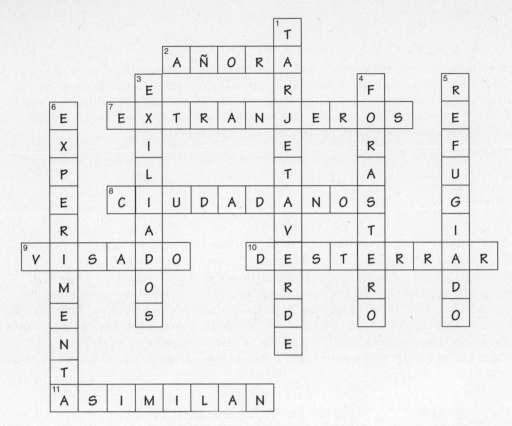

PARA COMENTAR

Paso 2. 1. El niño mira una estatua. 2. La estatua representa la libertad. Se ve que rompió las cadenas de las esposas (*handcuffs*) y lleva una antorcha (*torch*). 3. Es irónico porque la libertad está rodeada de prohibiciones. 4. *Las respuestas variarán.* **Paso 2.** *El orden y la forma de las respuestas variarán.* 1. Se prohíbe estacionar. 2. Se prohíbe escribir en la estatua. 3. Se prohíbe caminar en (pisar) la hierba. 4. Se prohíbe cortar (recoger) las flores. 5. Se prohíbe echar botellas aquí. 6. Se prohíben los perros en la hierba. 7. Se prohíbe jugar al fútbol. 8. Se prohíbe montar en bicicleta.

EXPLOREMOS LA LENGUA

Actividad A. Paso 1. 1. estoy mandándotela (te la estoy mandando) ahora. 2. nos lo dio en la Argentina. 3. Quiero explicársela (Se la quiero explicar). 4. no se lo envíes a Ramón. Envíaselo sólo a Raquel.

Capítulo 9

EL VÍDEO

Actividad A. Paso 1. 1. c 2. a 3. d 4. e 5. f 6. b **Actividad B. Paso 1.** 1. tía Olga 2. tío Jaime 3. Ángela 4. doña Carmen 5. Raquel 6. doña Carmen **Paso 2.** 1, 2, 4, 6 **Actividad C. Paso 1.** 1, 4, 5 **Paso 2.** 1. b 2. d 3. a 4. d

VOCABULARIO DEL TEMA

Actividad A. Paso 1. 1. desconfiaba 2. exigente 3. capacitada 4. reconforta 5. persuadir **Actividad B. Paso 1.** angustiado, desesperarse 2. astuta, elegir 3. amenazar, tenaz **Actividad C. Paso 1.** 1. comprensivo 2. cuidadoso 3. desamparado 4. necia 5. sabio 6. exigente 7. elegir **Paso 2.** La Gavia

Paso 2. 1. b, c 2. b 3. a, c 4. c, d 5. b

EXPLOREMOS LA LENGUA

Actividad A. Paso 1. Se hicieron cinco viajes en un mes. 2. Se encontraron los certificados de nacimiento. 3. Se halló al hermano de Ángel. 4. Se leyeron varios documentos del gobierno. 5. Se comentó la historia por horas. 6. Se sospechó de Olga. 7. Se investigó el codicilo. **Actividad B. Paso 1.** tenemos, considerar, elegir **Paso 2.** Yo creo que en todas las situaciones, por muy terribles que sean, siempre se tiene (se tienen) opciones. Se consideran las opciones y se elige la mejor.

Capítulo 10

EL VÍDEO

Actividad A. 1. Raquel, Ángela y su prima salieron para San Germán. 2. Camino a San Germán, tuvieron problemas con el carro y tardaron en llegar a la casa de doña Carmen. 3. Llegaron a San Germán al día siguiente. 4. Raquel y Ángela fueron al cuarto donde estaban las cosas de Ángel. No sabían de la sorpresa que les esperaba. 5. Regresaron a San Juan. No volvieron a tener problemas con el carro. 6. Raquel llamó a Arturo en el hotel. Él no sabía nada de la muerte de su hermano. **Actividad B.** 1. c 2. b 3. f 4. e 5. d 6. a **Actividad C.** 1. No. María Luisa, la esposa de Ángel, murió unos años antes que él. 2. No. Ángel menciona mucho a su familia: su padre, su madre, su esposa y sus hijos. 3. Sí. 4. No. Parece que Ángel quería olvidar su pasado difícil. 5. No. Doña Carmen dice que Ángela tiene que conocer a su abuelo. 6. Sí.

VOCABULARIO DEL TEMA

Actividad A. 1. f 2. a 3. g 4. h 5. b 6. e 7. d **Actividad B. Paso 1.** 1. el sostén de la familia 2. el sabelotodo 3. el apaciguador 4. el cuidador 5. el hazmerreír **Actividad C.** 1. doña Carmen 2. Jorge 3. Ángela 4. Ángel 5. Raquel 6. tía Olga 7. Roberto 8. Arturo

PARA COMENTAR

Paso 2. 1. a 2. b 3. a 4. a 5. b

EXPLOREMOS LA LENGUA

Actividad A. Paso 1. 1. he visto 2. han ido 3. ha hecho 4. ha comido 5. ha escrito 6. hemos leído 7. ha trabajado **Actividad B. Paso 1.** 1. había probado 2. habían hecho 3. me había graduado 4. habíamos aprendido 5. había ido 6. te habías puesto

Capítulo 11

EL VÍDEO

Actividad A. Paso 1. 1. un carro; sitio de la excavación 2. Roberto 3. llamar a Pedro; ocupada; el recepcionista del hotel; un mensaje 4. Roberto; El Padre Rodrigo 5. un helicóptero; la capital; al hospital; bien **Actividad B. Paso 1.** 1. la recepcionista del hospital 2. el doctor 3. el tío Jaime 4. el Padre Rodrigo 5. el doctor 6. el Padre Rodrigo **Paso 2.** 1. El tío Jaime le dice a Ángela que hubo un accidente en la excavación. 2. Raquel y Ángela buscan el nombre de Roberto en la lista de los heridos. 3. Raquel y Ángela hablan con el Padre Rodrigo. **Actividad C. Paso 2.** 1. F: La madre estaba triste de que el hermano de Lucía se fuera de casa. 2. C 3. F: Lucía y su madre no supieron nada de él por más de un mes. 4. F: Lucía dice que su padre murió por un accidente en el trabajo. 5. F: Lucía, como Ángela, tiene un único hermano. **Paso 3.** 4, 1, 6, 2, 3, 5

Actividad A. Paso 1. 1. acusón; no indica el orden de nacimiento de los hijos. 2. protegerse; no representa relaciones problemáticas entre hermanos 3. tenerle envidia; no se relaciona con la confianza 4. rivalizar; no muestra buenas relaciones entre hermanos **Actividad B. Paso 1.** 1. b 2. h 3. c 4. f 5. e 6. a 7. g **Actividad C. Paso 1.** 1. C 2. C 3. F: Estela se entendía con dos de sus hermanos y con el otro se llevaba mal. 4. F: El hermano menor de Estela era el acusón de la familia. 5. C 6. C **Paso 2.** *Alberto*: mayor, mofador *Patricio*: del medio, envidioso *David*: acusón, menor

PARA COMENTAR

Paso 2. 1. a 2. c 3. c 4. b

EXPLOREMOS LA LENGUA

Actividad A. Paso 1. 1. ...que muchas personas discriminen a la gente a base del color de su piel. 2. ...que muchos niños prefieran ver la televisión en vez de jugar afuera. 3. ...que muchos jóvenes fumen sin preocuparse de las consecuencias físicas. 4. ...que las mujeres ganen menos dinero que los hombres para los mismos trabajos. 5. ...que todavía exista un gran problema con las drogas en este país. 6. ...que muchos políticos se encuentren en escándalos de toda clase. 7. ...que todavía no haya curas para enfermedades como el cáncer y el SIDA. 8. ...que muchas personas sientan las presiones de una vida muy apresurada sin tiempo para descansar. 9. ...que no se pueda eliminar la pobreza que afecta a miles de personas. 10. ...que muchas personas no se preocupen de la contaminación del aire, de la tierra y de las aguas.

Capítulo 12

EL VÍDEO

Actividad A. Paso 1. 4, 1, 6, 5, 3, 2 **Paso 2.** 1. c 2. g 3. a 4. f 5. b 6. d 7. e **Actividad B. Paso 1.** 1. F: La doctora explica que le dieron un calmante pero que Roberto está bien, que sólo sufrió un shock. 2. C 3. C 4. F: La doctora recomienda que Arturo no despierte a su sobrino porque necesita descansar. 5. F: Arturo se entera de que Roberto se recuperará muy pronto. **Paso 2.** 1. al día siguiente (en el hospital) 2. sus sobrinos (Ángela y Roberto) 3. sonrisa 4. dos desayunos 5. Buenos Aires **Actividad C. Paso 1.** 3, 4, 5, 6 **Paso 2.** 1. No hablaron de las tensiones financieras de la familia de Lucía porque sólo comentaron las de la familia Castillo. 2. No hablaron de la información contenida en el segundo codicilo porque aún no saben qué información contiene.

VOCABULARIO DEL TEMA

Actividad B. Paso 1. 1. a 2. c 3. a 4. b 5. a

Actividad C. Paso 1.

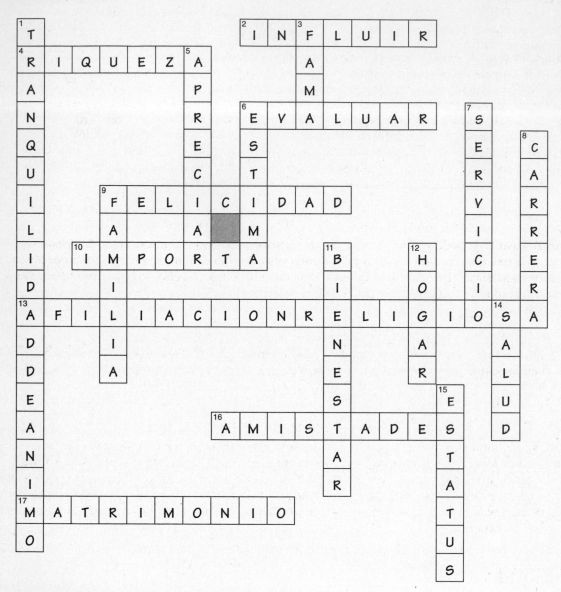

The crossword contains the following words:

Across/Down answers visible in the grid:
- T R A N Q U I L I D A D
- I N F L U I R
- R I Q U E Z A
- F A M A
- A P R E S T E C
- E V A L U A R
- S E R V I C I O
- C A R R E R E R
- F E L I C I D A D
- F A M A
- I M P O R T A
- B I E N E S
- H O G A R
- S A L U D
- A F I L I A C I O N R E L I G I O S A
- A D D E A N I
- F I L I A
- A M I S T A D E S
- E S T A T U S
- M A T R I M O N I O

P A R A   C O M E N T A R

Paso 1. 1. F: Es una tarjeta telefónica. 2. F: Solamente se ofrece en los establecimientos de Quisqueyana y sus agentes. 3. C 4. F: Menciona que los precios son muy asequibles. 5. C

E X P L O R E M O S   L A   L E N G U A

Actividad A. Paso 1. 1. g 2. f 3. e 4. d 5. b 6. a 7. c **Paso 2.** 1. Javi busca un vuelo barato que vaya directamente de Miami a Buenos Aires. 2. Necesito un médico que entienda las técnicas más avanzadas. 3. Anita quiere una computadora que tenga CD-ROM y acceso al Internet. 4. Rafael asiste a una universidad que ofrece muchas becas. 5. Paula busca un mecánico que sepa arreglar su Citroën. 6. Paco tiene una esposa que es amable y comprensiva. 7. No venden ninguna casa que dé al mar.

Capítulo 13

EL VÍDEO

Actividad A. Paso 1. Ángela 2. Raquel 3. Arturo 4. don Fernando 5. Mercedes **Actividad B. Paso 2.** *el primer codicilo*: Ángela y Roberto *los problemas económicos*: Carlos y Gloria **Paso 3.** *Respuestas posibles*: 1. No lo sé. 2. Quizás haya un error. 3. ¿Quiere que le mande la documentación que tengo? 4. Bueno, Gloria ha tenido algunos problemas. **Actividad C. Paso 1.** 1. F: Pedro y Ramón se reunieron con dos auditores. 2. C 3. F: Un inversionista estadounidense quería comprar La Gavia y convertirla en un hotel. 4. F: Los hermanos de Carlos descubrieron que el año pasado él sacó 100.000,00 dólares del negocio de Miami. 5. C 6. C 7. F: Carlos no dijo nada antes por vergüenza. **Paso 2.** 1. varios años 2. Bahamas 3. San Juan 4. deudas 5. protegerla 6. costosas 7. 10.000,00 8. empresa 9. devolverlo 10. vergüenza 11. honorables 12. uno o dos 13. perder / haber perdido 14. llamaría

VOCABULARIO DEL TEMA

Actividad B. Paso 1. 1. padecer (de) 2. perjudicar 3. toxicómano/a 4. saludable **Paso 2.** *Respuestas posibles*: 1. usar mal o en cantidades excesivas alguna cosa 2. estar inquieto/a o nervioso/a por algo o alguien 3. una sustancia narcótica 4. lo que se siente cuando se tiene sueño, se está cansado/a o bajo la influencia de bebidas alcohólicas o drogas 5. que perjudica

PARA COMENTAR

Paso 4. 1. información para obtener una página en el Internet 2. el 17 de junio a las 17 horas (5 de la tarde) 3. si eres socio/a, puedes conseguir tu propia página dentro de la página de Internet de la asociación 4. b

EXPLOREMOS LA LENGUA

Actividad A. 1. Gloria irá (va a ir) a San Juan en cuanto los casinos inicien la temporada. 2. Don Fernando regresará (va a regresar) a La Gavia tan pronto como se lo permitan los médicos. 3. Carlos tendrá (va a tener) que amparar a su esposa mientras tenga ese vicio. 4. Arturo telefoneará (va a telefonear) a Raquel tan pronto como sepa dónde ella está. 5. Lucía le mandará (va a mandar) un fax a Raquel en cuanto encuentre la información que ella busca. **Actividad B. Paso 1.** 1. hable 2. regrese 3. recibiera 4. conocieran 5. encontrara

Capítulo 14

EL VÍDEO

Actividad A. Paso 1. 1. b 2. c 3. c 4. a 5. b 6. b **Actividad B. Paso 1.** 1. b 2. c 3. g 4. e 5. f 6. d 7. a **Actividad C. Paso 1.** 1. un certificado de nacimiento; una foto y unos dibujos 2. una carta a don Fernando; unos recibos de clínicas 3. dos codicilos; un testamento **Paso 2.** 1. Ángel Castillo 2. Gloria Castillo 3. Emilio Hinojosa Barranco

VOCABULARIO DEL TEMA

Actividad A. Paso 1. 1. gastos 2. devolución 3. ingresos 4. financiar 5. hipoteca 6. deuda 7. bancarrota 8. cobrar 9. abonar **Paso 2.** asuntos financieros

PARA COMENTAR

Paso 2. 1. Los hombres hablan más de las mujeres que de cualquier otra cosa. 2. El hombre medio de la encuesta valora su matrimonio más que nada. 3. A partir de la encuesta se puede concluir que la mayoría de los problemas conyugales son productos del dinero. 4. Al hombre típico le importaría más asistir a una conferencia sobre cómo ganar más dinero.

Apéndice 2 **205**

EXPLOREMOS LA LENGUA

Actividad A. Paso 1. *Respuestas posibles:* 1. ¿Podrían venir acá ahora mismo? 2. Me gustaría comprarlos. 3. Con su permiso, abriríamos una cuenta corriente en el banco de la esquina. 4. Estudiaría en la biblioteca hasta tarde. 5. Marta nos dijo que saldría a las 10:00. 6. Pondrían los documentos en otro archivo. 7. ¿Me podrías decir qué encontraste? 8. Sabrían algo más después de la reunión.

Capítulo 15

EL VÍDEO

Actividad A. Paso 1. 2, 4, 5, 8 **Actividad B. Paso 2.** 1. d 2. b 3. a 4. c **Paso 3.** 1. Es Arturo. 2. Está en el aeropuerto de Los Ángeles. 3. Quiere que Raquel lo recoja para que hablen. 4. Está muy contenta. 5. *Las respuestas variarán.* **Actividad C. Paso 1.** 7, 3, 5, 4, 1, 6, 2 **Paso 2.** 1. b 2. c 3. a 4. c

VOCABULARIO DEL TEMA

Actividad A. Paso 1.

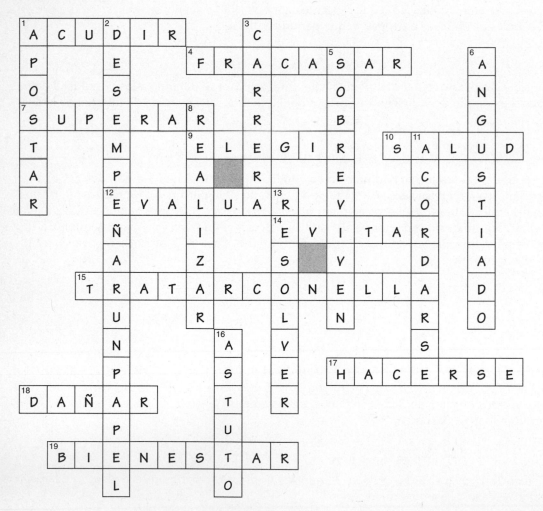

Actividad B. Paso 1. 1. echar de menos; trabar amistades 2. aprensivo/a; preocuparse por 3. dañino/a; desconfiar

Actividad A. Paso 1. 1. Luis se casaría con Raquel si ella aceptara su petición. 2. Si Gloria no tuviera una adicción, no habría perdido tanto dinero. 3. La madre de Raquel no se metería en su vida si no se preocupara por su hija. 4. Juan se quedaría en México si su padre insistiera. 5. Raquel y Arturo no resolverían su problema si Arturo no volviera a Los Ángeles.

Sobre los autores

Paul Michael Chandler is Assistant Professor of Spanish and Coordinator of first-year Spanish at the University of Hawai'i at Manoa. He teaches Spanish and Portuguese languages, teaching methodology, historical Spanish language, and Hispanic literature; he is also responsible for teacher training. He received his Ph.D. in 1992 from Indiana University in Bloomington, where he served as course coordinator. Before joining the faculty at Hawai'i, he was the Applied Linguist/Methodologist at San Jose State University in California, where he taught courses in language, phonetics, linguistics, and teaching methodology. He has edited the proceedings of the Hawai'i Association of Language Teachers conference and is coauthor of the McGraw-Hill intermediate textbook *¿Qué te parece?*

Rafael Gómez is Associate Professor and chair of the Hispanic Studies Department at the Monterey Institute of International Studies in Monterey, California, where his teaching specialties are Spanish for special purposes and Spanish-American culture. He received his B.A. and M.A. from Queens College, CUNY, New York, and his Ph.D. from Indiana University in Bloomington. He has won various academic honors and awards, including a Fulbright Grant to study at the Christian-Albrechts-Universität zu Kiel in Germany. He has published numerous reviews, articles, and papers in scholarly journals and newsletters.

Constance Moneer Kihyet is Professor of Spanish at Saddleback College in Mission Viejo, California, where she currently teaches a wide range of courses in Spanish language and Latin American civilization and culture. She received her Ph.D. in Spanish at the Florida State University in 1979, specializing in Golden Age literature. Her interests and publications include studies of Golden Age and nineteenth-century Spanish literature, as well as aspects of foreign-language learning and teaching methodology. She has reviewed numerous texts and presented seminars on foreign-language teaching methodology. She recently contributed both as writer and reviewer on various components of the fourth edition of the McGraw-Hill intermediate Spanish program *Pasajes*.

Michael Sharron is Instructor of Spanish at Assumption College in Worcester, Massachusetts. He is currently a Ph.D. candidate at the Pennsylvania State University, where he specializes in areas of second-language acquisition theory and applied linguistics. He received an M.A. from the University of Arizona in 1993 and has been inducted into the Alpha Mu Gamma, Sigma Delta Pi, Phi Sigma Iota, and Phi Kappa Phi honor societies.